21天征服

HSK

Level 6
Writing

6级
写作

◎ 郑丽杰　刘　悦 / 编著

外语教学与研究出版社
北京

图书在版编目（CIP）数据

21天征服HSK6级写作／郑丽杰，刘悦编著. —— 北京：外语教学与研究出版社，2018.10（2024.4重印）
（外研社·HSK课堂系列）
ISBN 978-7-5213-0456-5

I. ①2… II. ①郑… ②刘… III. ①汉语－写作－对外汉语教学－水平考试－自学参考资料 IV. ①H195.4

中国版本图书馆CIP数据核字 (2018) 第 244007 号

出 版 人　王　芳
项目策划　满兴远
项目负责　崔　超
责任编辑　向凤菲
责任校对　杨　益
封面设计　姚　军
出版发行　外语教学与研究出版社
社　　址　北京市西三环北路 19 号（100089）
网　　址　https://www.fltrp.com
印　　刷　河北虎彩印刷有限公司
开　　本　787×1092　1/16
印　　张　12
版　　次　2018 年 11 月第 1 版　2024 年 4 月第 5 次印刷
书　　号　ISBN 978-7-5213-0456-5
定　　价　59.00 元

如有图书采购需求，图书内容或印刷装订等问题，侵权、盗版书籍等线索，请拨打以下电话或关注官方服务号：
客服电话: 400 898 7008
官方服务号: 微信搜索并关注公众号"外研社官方服务号"
外研社购书网址: https://fltrp.tmall.com

物料号: 304560001

记载人类文明
沟通世界文化
www.fltrp.com

出版说明

"外研社·HSK课堂系列"是根据孔子学院总部/国家汉办2015版《HSK考试大纲》编写的一套训练学生听、说、读、写各方面技能的综合性考试教材。

2009年，国家汉办推出新汉语水平考试（简称新HSK），在吸收原HSK考试优点的基础上，借鉴国际语言测试研究的最新成果，提出"考教结合"的原则，为汉语学习者提供了新的汉语水平测试和学习平台。为帮助考生熟悉新HSK考试，有效掌握应试策略和备考方法，并真正提高汉语能力，外语教学与研究出版社推出了"外研社·新HSK课堂系列"，含综合教程、专项突破、词汇突破、全真模拟试题集等多个子系列产品。该系列自推出后受到广大读者的广泛好评，销量居同类图书前列，不少品种均多次重印。

2015年，孔子学院总部/国家汉办对2009版大纲进行修订，根据主题式教学和任务型教学的理论及方法，增加了话题大纲、任务大纲，改进了语言点大纲，细化了词汇大纲。针对2015版大纲的最新变化，结合广大教师及考生对"外研社·新HSK课堂系列"提出的宝贵意见和建议，外研社组织具有丰富HSK教学及研究经验的专家、教师编写了这套全新的"外研社·HSK课堂系列"。

"外研社·HSK课堂系列"旨在帮助考生掌握HSK的考试特点、应试策略和应试技巧，培养考生在真实考试情境下的应对能力，进而真正提高考生的汉语能力。全套丛书既适用于课堂教学，也适用于自学备考，尤其可用于考前冲刺。

本系列包含如下产品：

- "21 天征服 HSK 教程"系列
- "HSK 专项突破"系列
- "HSK 词汇"系列（含词汇突破、词汇宝典）
- "HSK通关：攻略·模拟·解析"系列
- "HSK 全真模拟试题集"系列

本系列具有如下主要特点：

全新的 HSK 训练材料

- 详细介绍 HSK 考试，全面收录考试题型，提供科学系统的应试方案和解题技巧。
- 根据最新 HSK 大纲，提供大量典型例题、专项强化训练和模拟试题。
- 对 HSK 全部考点进行详细讲解和答题技巧分析，帮助考生轻松获得高分。
- 所有练习均为模拟训练模式，让考生身临其境，提前备战。

全面、翔实的备考指导

- 再现真实课堂情境，帮助考生计划时间，针对考试中出现的重点和难点提供详细指导，逐步消除考生的紧张心理。
- 将汉语技能融合到考点中讲授，全面锻炼考生的汉语思维，有效提高考生在 HSK 考试中的应试能力。
- 提供多套完整的模拟试题和答案解析，供考生在学习完之后，根据自身情况进行定时和非定时测验。
- 试题训练和实境测试紧密结合，图书与录音形成互动。所有听力试题在配套录音中均有相应内容，提供的测试时间与真实考试完全一致，考生能及时了解自身水平。

我们衷心希望这套"外研社·HSK 课堂系列"能够为考生铺就一条 HSK 考试与学习的成功之路，同时为教师解除教学疑惑，共同迎接美好的未来。

目　录

第1周

第2周

第3周

前　言

　　自从 2003 年专门教授高级 HSK 以来，我一直感到非常需要一本针对外国人学习汉语写作的实用性强的教材。面对汉语水平有限而人生经验相对丰富、思维能力相对成熟的外国学生，老师们在教学中难免感到无的放矢。我自己在教学时也会查找许多资料，不仅费时费力，而且效果也不太明显。在我周围有很多非常优秀的老师，他们爱教语法、口语和阅读等课，但就是不爱教写作课。原因有二：一方面老师在设计课堂教学时比较头疼，另一方面学生的进步也不太明显。

　　后来，我开始沿用《21 天征服 HSK（高等）口试》的思路，对学生在学习中出现的问题进行整理和归纳，结果发现学生在写作时常出现的问题是比较有规律的，比如：语言口语化，书面词语运用能力较差；语言表达形式单一，不会灵活运用汉语中的特殊句式（"把"字句、被动句等）；不会设计叙述方式，文章整体结构杂乱无章；等等。对于这些问题我不断地摸索，几年来形成了一套比较有效的方法，那就是从词到短语到句子（单句、复句）再到文章。在教学中，我用这样的训练步骤一步一步地引导学生，终于初见成效。我的学生在 HSK 高级考试中作文成绩都比较突出，有很多学生在满分 100 分的作文中得到了 85 分以上的好成绩。让我记忆犹新的是 2007 年，我的两名学生参加清华大学的入学考试，她们之前最怕的就是作文，和我一起学习了 3 个月后，满分 80 分的作文竟然分别取得了76 分和 78 分的好成绩。她们兴奋地打电话向我汇报，向我表示感谢，我更是兴奋不已，感谢她们验证了我的教学方法。这件事也使我更加自信。于是我开始着手编写《21 天征服 HSK 六级写作》一书，正当这本书初具规模时，HSK 改版了。我最初听到这个消息时有些担心，但是拿到 2015版《汉语水平考试（HSK）大纲》（以下简称 2015 版大纲）后，我感到十分欣喜。HSK 考试从三级开始加入书写，到六级要求考生缩写文章，考试题型正与我所采用的"句子→短文→文章"的升级训练方式相符，原来已经有许多专家发现了外国学生学习写作的规律，这也与 HSK"以考促教，以教促学"的考试目的是相吻合的。

在这样的情况下，我邀请与我在教学中合作多年的刘悦老师一起，按照 2015 版大纲的词汇等级标准及题型对《21 天征服 HSK 六级写作》进行调整，在外研社领导的支持与编辑们的协助下完成了本书。从 2010 年第一版面世至今，我用这本书亲自教授学生，同时也用它培训新手教师。在教学实践中我对这本书不断进行优化，在此次重印时又补充了一些中国经典文化故事，更加注重培养高级别汉语学习者的阅读和书面表达能力，也使这本书更适用于 2015 版大纲。

希望这本教材能帮助考生了解 HSK 作文的考试形式，以便他们更有效地准备考试，取得更好的成绩。如果这本书能给那些像我一样热爱对外汉语教育事业的老师们提供一些参考，能够使老师们在探索教学方法时少走一些弯路，不必再浪费太多时间查阅资料、搜索语料，那么我将感到不胜荣幸。希望这本书能促进我们之间的交流，让我们更好地完成汉语学习与教学的任务。

在本书的每一个章节中，我都设计了完整的课堂教学流程，包括课堂导入、课堂讲解和课后习题训练。这既有助于老师科学组织教学、有效进行讲练，又能帮助自学的考生合理安排时间、顺利开展自主学习。对学生来说，无论是跟老师一起学习还是自学，我都希望大家能耐心地阅读一下本书的使用说明，了解本书的使用小技巧。相信考生能够非常好地利用这本书，有效提高汉语水平，在考试中取得理想的成绩。

郑丽杰

2018 年 3 月 21 日

使用说明

本书设计用三周时间完成：

第一周：汉语书写基础训练。这一周主要是从句子入手，掌握正确的句子表达方式，形成用词语组成句子、用句子扩写短文的思维方式。也就是培养学生用主要的词语叙述一件事的能力。我们选用 HSK 四级、五级书写部分的试题对学生进行实战训练，训练内容包括连词成句、看图写句子、看图写短文。引入这些训练主要是因为这些题目很符合外国学生学习写作的一般规律，所以准备六级考试的同学千万不要以为做这部分练习是在浪费时间和精力。只有跟着老师的提示一步一步地训练才能打好基础。当然水平较高的同学可以加快速度，缩短学习时间。怎样用规定的词语流利地完成句子？怎样用一些特殊句式使句子表达更地道？怎样来描述一幅图片？这些都是第一周的学习重点。

第二周：缩写基础训练。这一周主要了解 HSK 六级作文的写作方法。HSK 六级作文实际上包括了阅读理解和复述。首先要能够在 10 分钟内读懂一篇文章，并且要记忆情节。然后在 35 分钟内把文章的内容叙述一遍，字数必须在 400 字左右。在这个过程中，"理解""记忆"是重点。按照老师的课堂安排进行训练，让读到的文章在脑海里形成一幅幅画面，提高"记忆效率"。这是第二周的学习重点。

第三周：缩写技巧强化训练。这一周要学习完整、简要叙述一件事的方法。掌握抓住文章主题和叙述的方法，知道一篇文章怎样删减才能不影响主题，而且能让读者一看就感觉到学生的理解力和叙述水平，这是第三周的学习重点。

每一天课堂部分的学习需要一个课时（50 分钟），课后复习、练习大概需要 30 分钟左右。每一天都是一个相对独立的模拟训练，经过 21 天的学习和训练，到考试时学生就等于经历了 15 次模拟考试，那真正的考试对学生来说也就不再陌生了。另外，由于掌握足够的词汇是学生理解文章、清楚叙述的前提，我们每天都整理出了一些 HSK 六级要求掌握的生词，扩大词汇量也是学生自学时的重点。

每一天的学习内容包括考点解析、考题实战、应试技巧、参考例文、生词。考点解析主要介绍写作的基本知识，这部分能够帮助学生掌握写作文的方法；考题实战可以让学生了解 HSK 的题型特点；应试技巧有助于学生形成思路，同时也便于任课老师进行课堂操作；参考例文和生词可以扩展学生的词汇量，提高学生的理解能力和写作水平。

每一周结束时都配有知识点补充和范文欣赏。初学写作的人，对这两个部分只作了解就够了，不必有太大的压力；而已经具备一定写作基础的人，则可以通过学习这两部分迅速提升写作能力。另外，周末设置的模拟题，可以让学生不断地检查自己对相关知识的掌握情况，及时了解自己的实力。

本书的说明讲解部分全部使用老师在上课时所用的真实生动的口语，所以虽然是汉语却易于外国学生充分地理解；同时本书的计划性很强，无论是学生自学还是老师课堂教学，都比较容易安排学习时间和进度。

本书在版式上的一大特色是折页箭头的设计，折页箭头将试题与答案分开。奇数页中的"↪"是把右半部分向后折，偶数页中的"↩"是把左半部分向前折。这样，展现在学生面前的只是试题。一方面便于教师在课堂上有针对性地讲解；另一方面方便学生在自学时完全不受答案的干扰，测试出自己真正的水平。

学生们通过学习这本书，能够在最短的时间里大幅度地提高作文水平和 HSK 的考试成绩，这是我们最大的心愿。

汉语水平考试HSK六级介绍

　　HSK（六级）考查考生的汉语应用能力，它对应于《国际汉语能力标准》五级、《欧洲语言共同参考框架（CEF）》C2 级。通过 HSK（六级）的考生可以轻松地理解听到或读到的汉语信息，以口头或书面的形式用汉语流利地表达自己的见解。

一、考试对象

　　HSK（六级）主要面向掌握 5000 及 5000 以上常用词语的考生。

二、考试内容

　　HSK（六级）共 101 题，分听力、阅读、书写三部分。

考试内容		试题数量（个）		考试时间（分钟）
一、听力	第一部分	15	50	约 35
	第二部分	15		
	第三部分	20		
填写答题卡（将听力部分的答案填涂到答题卡上）				5
二、阅读	第一部分	10	50	50
	第二部分	10		
	第三部分	10		
	第四部分	20		
三、书写	作文	1		45
共计	/	101		约 135

　　全部考试约 140 分钟（含考生填写个人信息时间 5 分钟）。

1. 听力

第一部分，共 15 题。每题听一次。每题播放一小段话，试卷上提供 4 个选项，考生根据听到的内容选出与其一致的一项。

第二部分，共 15 题。每题听一次。播放三段采访，每段采访后带 5 个试题，试卷上每题提供 4 个选项，考生根据听到的内容选出答案。

第三部分，共 20 题。每题听一次。播放若干段话，每段话后带几个问题，试卷上每题提供 4 个选项，考生根据听到的内容选出答案。

2. 阅读

第一部分，共 10 题。每题提供 4 个句子，要求考生选出有语病的一句。

第二部分，共 10 题。每题提供一小段文字，其中有 3 到 5 个空格，考生要结合语境，从 4 个选项中选出最恰当的答案。

第三部分，共 10 题。提供两篇文字，每篇文字有 5 个空格，考生要结合语境，从提供的 5 个句子选项中选出答案。

第四部分，共 20 题。提供若干篇文字，每篇文字带几个问题，考生要从 4 个选项中选出答案。

3. 书写

考生先要阅读一篇 1000 字左右的叙事文章，时间为 10 分钟，阅读时不能抄写和记录；监考将阅读材料收回后，将这篇文章缩写为一篇 400 字左右的短文，时间为 35 分钟。标题自拟。只需复述文章内容，不需加入自己的观点。

三、成绩报告

HSK（六级）成绩报告提供听力、阅读、书写和总分四个分数。总分 180 分为合格。

	满分	你的分数
听力	100	
阅读	100	
书写	100	
总分	300	

HSK 成绩长期有效。作为外国留学生进入中国院校学习的汉语能力的证明，HSK 成绩有效期为两年（从考试当日算起）。

（来自汉语考试服务网 www.chinesetest.cn）

第 1 周

学习重点：汉语书写基础训练

　　一篇好作文最基本的要求是表达准确。如果你的文章中有很多病句，或者是表达得不地道，那么即使你的想法很好，也无法让人理解，所以我们一定要重视这一周的基础训练。

　　这一周我们主要从句子入手来学习写作文，告诉大家怎样写出符合汉语语法规范的句子，怎样更清楚地表达意思，以及怎样使句子更优美。请你跟着老师的计划一课一课地练习，千万不要急于求成，要知道，"一口吃不成大胖子"啊！

星 期 一

句子结构

句子是组成文章的基本单位，只有准确地表达每一个句子，才能写出符合汉语规范的作文。今天我们就来整理一下和汉语句子基本结构有关的语法知识，老师选用了HSK四、五级书写部分的试题来讲解，这可是六级作文的基础，打好基础才能"更上一层楼"啊！

考点解析

汉语句子的基本结构

汉语句子的基本结构是：主语 + 谓语 + 宾语
　　例：同学喜欢老师。

汉语句子除了基本结构以外，还有一些修饰成分，如定语、状语、补语等。
1. 定语是修饰主语或宾语的：（定语）主语 + 谓语 + （定语）宾语
　　例：我们班同学喜欢漂亮的王老师。

2. 状语是修饰谓语的：（定语）主语 + ［状语］谓语 + （定语）宾语
　　例：我们班同学从第一天上课开始就喜欢漂亮的王老师。
　或：［状语］，（定语）主语 + 谓语 + （定语）宾语
　　例：从第一天上课开始，我们班同学就喜欢漂亮的王老师。

3. 补语是补充说明谓语的：（定语）主语 + ［状语］谓语 ＜补语＞ + （定语）宾语
　　例：从第一天上课开始，我们班同学就喜欢上了漂亮的王老师。
　补语有时也可能出现在宾语的后面：
　（定语）主语 + ［状语］谓语 + （定语）宾语 ＜补语＞
　　例：我们班同学喜欢漂亮的王老师好久了。

从上面的结构可以看出，汉语的结构顺序是比较固定的，只有补语的位置不太固定，有时在谓语后，有时在宾语后，这是很多学生容易出错的地方。

考题实战

（一）完成句子

1. 更　北京　气候　的　干燥

———————————————

2. 商店　那家　面临　危险　破产　的

———————————————

3. 贷款　银行　向　小李　了　今天

———————————————

4. 说明书　他　正在　看　电视　的

———————————————

5. 区别　你　发现　这两本杂志　的
　　了　吗

———————————————

6. 他　作业　的　不　符合　要求　太

———————————————

7. 丰富　营养　菜　十分　这　道　的

———————————————

8. 大哭　孩子　起来　一下子

———————————————

9. 怎样　无论　他　回来　都　会

———————————————

10. 中文　地道　妈妈　的　说得　很

———————————————

参考答案：

1. 北京的气候更干燥。

2. 那家商店面临破产的危险。

3. 今天小李向银行贷款了。／小李今天向银行贷款了。

4. 他正在看电视的说明书。

5. 你发现这两本杂志的区别了吗？／这两本杂志的区别你发现了吗？

6. 他的作业不太符合要求。

7. 这道菜的营养十分丰富。

8. 孩子一下子大哭起来。

9. 无论怎样他都会回来。／他无论怎样都会回来。

10. 妈妈的中文说得很地道。

请沿虚线折一下

参考答案：（每句话都正确，你比较一下，哪句更完整、更地道、更优美。）

1. 她在喝茶。／她正在喝一杯绿茶。／她正在喝一杯刚泡好的、充满香气的绿茶。

2. 他的表情很严肃。／他坐在沙发上，表情严肃地思考着。／他坐在沙发上，表情严肃地思考着什么，看起来很紧张。

3. 这只小狗戴着一串项链。／这只小狗的脖子上戴了一串珍珠项链。／主人给小狗戴上了一串漂亮的珍珠项链。

4. 她在卫生间里刷牙。／早上，她在卫生间里刷牙。／早上一起床，她就开始在卫生间里刷牙洗脸准备上班了。

5. 他们在欣赏风景。／他们手拉着手，一起欣赏美丽的风景。／他们终于来到了法国，站在埃菲尔铁塔前欣赏美丽的景色。

（二）看图，用词造句

1. 茶

2. 严肃

3. 项链

4. 卫生间

5. 欣赏

请沿虚线折一下

6. 温暖

6. 盖上被子后，她感觉很温暖。／这厚厚的被子和热茶，让她感觉很温暖。／她喝着热茶，盖着厚厚的被子，终于有了温暖的感觉。

7. 驾驶

7. 他正在驾驶着一辆汽车。／他一边驾驶着汽车，一边还打着电话。／他一边驾驶着汽车，一边还打着电话，这样做非常危险。

8. 合影

8. 这是一张合影。／他们在一起拍了一张毕业合影。／这张毕业合影中，每个人都笑得十分开心。

9. 菜

9. 她在买菜。／她正在菜市场买菜。／为了准备今天的晚饭，她正在菜市场挑选新鲜的菜。

10. 上网

10. 她在上网。／她在用笔记本电脑上网。／她一边喝咖啡，一边用笔记本电脑上网看今天的新闻。

◆ 生词

面临	miànlín （动）	be confronted with 직면하다 直面する
破产	pòchǎn （动）	bankrupt 파산하다 破産
贷款	dàikuǎn （动）	get/obtain a loan (from sb.) 대출하다, 대부하다 金を貸し付ける
营养	yíngyǎng （名）	nutrition; nourishment 영양 栄養、養分
地道	dìdao （形）	authentic; pure 진짜의, 본고장의 生粋の、真実の、本物の
充满	chōngmǎn （动）	be brimming with 가득 차다, 충만하게 하다 満たす、満ちる
表情	biǎoqíng （名）	facial expression 표정 表情
严肃	yánsù （形）	(of expression, atmosphere) serious 엄숙하다, 근엄하다 厳粛である、厳かである
思考	sīkǎo （动）	think; consider 사고하다, 숙고하다 思考する
串	chuàn （量）	(measure word) string; bunch; cluster 꿰미 (양사: 끈 따위로 꿰어서 다루는 물건을 세는 단위) つながっているものを数える
项链	xiàngliàn （名）	necklace 목걸이 ネックレス

脖子　bózi（名）	neck 목 首
珍珠　zhēnzhū（名）	pearl 진주 真珠
卫生间　wèishēngjiān（名）	bathroom; washroom; restroom 화장실 浴室・トイレの総称
欣赏　xīnshǎng（动）	appreciate; enjoy 감상하다 鑑賞する、楽しむ、賞美する
景色　jǐngsè（名）	landscape; scene 경치 景色、風景
被子　bèizi（名）	quilt 이불 掛け布団
温暖　wēnnuǎn（形）	warm 따뜻하다, 포근하다 温暖である、温かい
驾驶　jiàshǐ（动）	drive (a vehicle) 운전하다 操縦する、運転する
合影　héyǐng（名）	group photo/picture 단체 사진 二人（またはそれ以上）の人がいっしょに写っている写真
拍　pāi（动）	take (a picture) 찍다 撮影する

复习与练习

改病句

参考答案:

1. 奶奶身体不好,可是什么事都自己做,从来不想给我们添麻烦。

2. 考试前听听音乐可以缓解紧张的情绪。

3. 这家饭店的烤鸭做得很地道。

4. 这次比赛很成功。

5. 人民的生命财产面临火灾的威胁。

6. 每个人都有自己的优点和缺点。

1. 奶奶身体不好,可是什么事都自己做,从来不想添麻烦给我们。

_____

_____

2. 考试前听听音乐可以紧张的情绪缓解。

_____

_____

3. 这家饭店的烤鸭做很地道。

_____

_____

4. 比赛这次很成功。

_____

_____

5. 人民的生命财产火灾的威胁面临。

_____

_____

6. 每个人自己的优点和缺点都有。

_____

_____

请沿虚线折一下

7. 他听音乐喜欢流行。

　　_____

　　_____

8. 他能中文报纸看懂。

　　_____

　　_____

9. 学校给学生到中国留学的机会提
　　供了。

　　_____

　　_____

10. 这个方法很有效对纠正发音。

　　_____

　　_____

7. 他喜欢听流行音乐。

8. 他能看懂中文报纸。

9. 学校给学生提供了到中国留学的
　　机会。

10. 这个方法对纠正发音很有效。

星 期 二

汉语常用句式

　　除了基本句式以外，我们在表达时也需要用一些特殊的句式来加强表达效果。比如"他打碎了教室的玻璃，老师批评了他。"如果我们这样说："他把教室的玻璃打碎了，被老师批评了一顿。"从表达的效果来看应该是后一句更好，因为"把""被"有强调作用，"把"强调了结果"玻璃碎了"，"被"强调了"他"受到的处置是"老师批评"。当然这种效果你可能感觉不到，可是中国人很容易感觉到，所以什么时候该用"把""被"，什么时候不该用，这都是我们要在学习中体会的。

考点解析

（一）"把"字句

1. 基本结构：主语＋把＋宾语＋谓语动词＋其他

　　例：你把房间打扫干净。

2. 常见错误：

　　（1）动词后一定要有其他部分，不能用单个动词。其他部分可以是结果补语、趋向补语、动量／时量补语、情态补语，也可以带"了""着"或动词重叠。程度补语、可能补语不能用在"把"字句中。

　　例：你把桌子上的书整理。（×）→ 你把桌子上的书整理一下。（○）

他把那句话说得不清楚。（×）→ 他那句话说得<u>不清楚</u>。（○）

我把这么多作业做不完。（×）→ 我<u>做不完</u>这么多作业。（○）

（2）谓语动词涉及两个宾语，宾语2是宾语1的动作结果或者宾语2是宾语1的一部分或属于宾语1，这时应该用"把"字句。

常见结构：主语＋把＋宾语1＋谓语动词＋结果（在、到、给、成、为、作）＋宾语2

例：你翻译这句话成英语。（×）→ 你<u>把</u>这句话翻译成英语。（○）

我当作他最好的朋友。（×）→ 我<u>把</u>他当作最好的朋友。（○）

他不小心撕书掉了一页。（×）→ 他不小心<u>把</u>书撕掉了一页。（○）

（3）"把"字句中的动词必须是动作性动词，不能是存现动词，后者如"生、有、出现、产生"等；也不能是表示关系、心理的动词，如"是、属于、喜欢、知道"等。

例：她把一个孩子生了。（×）→ 她<u>生</u>了一个孩子。（○）

我把一个好主意有了。（×）→ 我<u>有</u>了一个好主意。（○）

我把这句话的错误知道了。（×）→ 我<u>知道</u>了这句话的错误。（○）

（4）能愿动词、否定词一定要放在"把"的前面。

例：你把今天的作业可以做完。（×）→ 你<u>可以</u>把今天的作业做完。（○）

他把作业没做完。（×）→ 他<u>没</u>把作业做完。（○）

他把东西没带走。（×）→ 他<u>没把</u>东西带走。（○）

（二）被动句

1.基本结构：主语＋被＋（宾语）＋谓语动词＋其他

例：杯子里的水被（人）喝光了。

2.常见错误：

（1）和"把"字句一样，被动句动词后一定要有其他部分来说明结果。如果没有其他部分来说明结果，则需要使用"……被／为……所……"结构，双音节动词前"所"可省略，单音节动词前"所"一般不可省。

例：那个漂亮的杯子被摔。（×）→ 那个漂亮的杯子被摔碎了。（○）

人们被她的歌声所吸引住了。（×）→ 人们被她的歌声吸引住了。（○）

→ 人们被她的歌声（所）吸引。（○）

飞机被风雪阻，无法起飞。（×）→ 飞机被风雪所阻，无法起飞。（○）

（2）和"把"字句一样，被动句中能愿动词、否定词一定要放在"被"的前面。

另外表示时间的词语也要放在"被"的前面，这时"被"后面的动词也可以是单个双音节动词。

例：我的话被同学们可能误解了。（×）→ 我的话可能被同学们误解了。（○）

他被困难没有吓倒。（×）→ 他没有被困难吓倒。（○）

我们的建议被老师已经采纳。（×）→我们的建议已经被老师采纳。（○）

（3）除了"被"以外，"叫""让""给"也可以表示被动，但是"被""给"后的宾语可以省略，而"叫""让"后的宾语不可以省略。

例：他让批评了一顿。（×）→ 他被批评了一顿。（○）

→ 他让／叫老师批评了一顿。（○）

（4）"受""受到"也可以表示被动，常用于一些固定搭配，如"受到表扬""受到欢迎""受到影响""受到尊重""受……之托"；另外"遭到""挨"也表示被动，但是后面的动词通常表示不期望发生的动作。

例：我今天是受别人之委托来看你的。（×）→ 我今天是受别人之托来看你的。（○）

他的文章遭到一致好评。（×）→ 他的文章受到一致好评。（○）

→ 他的文章遭到一致批评。（○）

考题实战

（一）完成句子

1. 饼干　奶奶　把　拿到　哪儿　去　了

_____

2. 古董　保存　被　那件　完整　地　下来

_____

3. 打扫　干净　厨房　被　得　大家
非常

_____

4. 礼物　把　送去　还　他　没

_____

5. 了　他　终于　被　那所　大学　录取

_____

6. 邻居家　的　姐姐　被　狗　咬过
一口　曾经

_____

7. 流行　欢迎　音乐　受到　年轻人　的

_____

8. 行李箱　偷走了　把　小偷　校长的

_____

9. 能够　被　老百姓　荣幸　感到
我　称赞　很

_____

10. 钥匙　他　家里了　忘在　把
一不小心

_____

参考答案：

1. 奶奶把饼干拿到哪儿去了？

2. 那件古董被完整地保存下来。

3. 厨房被大家打扫得非常干净。

4. 他还没把礼物送去。

5. 他终于被那所大学录取了。

6. 姐姐曾经被邻居家的狗咬过一口。/邻居家的姐姐曾经被狗咬过一口。

7. 流行音乐受到年轻人的欢迎。

8. 小偷把校长的行李箱偷走了。

9. 能够被老百姓称赞，我感到很荣幸。

10. 他一不小心把钥匙忘在家里了。

参考答案：（每句话都正确，你比较一下，哪句更完整、更地道、更优美。）

1. 他在捡垃圾。／他把别人丢在地上的垃圾捡了起来。／他一看见地上有别人扔掉的垃圾，就连忙把它捡起来放进垃圾袋。

2. 桌子上有很多零食。／桌子上摆满了各种各样的零食。／桌子被各种各样的零食挤得没有空间了。

3. 她拿着一个刚切开的橙子。／她的手里拿着一个刚切开的新鲜的橙子。／她把一个刚切开的新鲜的橙子拿在手里，放在嘴边。

4. 她在给花浇水。／她在给美丽的花浇水。／她正在小心翼翼地给那些已经盛开的美丽的花浇水。

5. 她还没睡醒。／她睡得很香，闹钟响了，她也不想起床。／她实在是太困了，闹钟响了，她还不想起，还想再睡一会儿。

（二）看图，用词造句

1. 捡

---

2. 零食

---

3. 橙子

---

4. 浇

---

5. 睡

请沿虚线折一下

6. 实验

7. 愉快

8. 日记

9. 沙发

10. 魔术

6. 他们在做实验。／老师和学生们正在一起做实验。／学生们的实验做得很成功，受到了老师的表扬。

7. 他感到很愉快。／他看起来心情很愉快。／他终于把今天的工作做完了，心情很愉快。

8. 她在写日记。／她每天晚上都写日记。／她每天晚上都会趴在床上写日记，把自己一天所做的事情记录下来。

9. 一个女人躺在沙发上。／一个女人躺在沙发上睡着了。／那个女人躺在沙发上看书，结果看着看着就睡着了。

10. 他在表演魔术。／他在为观众们表演魔术。／他表演的魔术很精彩，很多人都喜欢看。

◆ 生词

古董   gǔdǒng（名）

antique
골동품
骨董

保存   bǎocún（动）

preserve; store
보존하다
保存する

所   suǒ（量）

(measure word) used for school, college, hospital, etc.
채（양사 학교, 병원 등）
家屋・学校・病院などを数える

录取   lùqǔ（动）

enroll; recruit
합격시키다, 채용하다
（試験合格者を）採用する,採る

曾经   céngjīng（副）

once; formerly
이전에, 예전에
かつて、以前、一度

咬   yǎo（动）

bite
물다
かむ

小偷   xiǎotōu（名）

thief
도둑
どろぼう

老百姓   lǎobǎixìng（名）

common/ordinary people
일반인, 국민
庶民、民衆、普通の人民

称赞   chēngzàn（动）

praise
칭찬하다
称賛する

荣幸　róngxìng（形）

honoured
영광스럽다
光栄である

捡　jiǎn（动）

pick up
줍다
拾う

连忙　liánmáng（副）

immediately
서둘러, 급히
急いで、あわてて

零食　língshí（名）

snacks
간식
間食

摆　bǎi（动）

lay; put
진열하다
並べる

小心翼翼　xiǎoxīn-yìyì（成）

(idiom) with the greatest care
매우 조심스럽다
(言動が) 慎重である、注意深い

盛开　shèngkāi（动）

(of flowers) be in full bloom
활짝 피다
満開である、盛りである

实验　shíyàn（名）

experiment
실험
実験

魔术　móshù（名）

magic
마술
マジック奇術、手品

复习与练习

改病句

参考答案：

1. 他把头发染了，我都没认出来。

2. 你别把东西到处乱放。

3. 他把行李放到宿舍就跑来看你了。

4. 他受过良好的教育。

5. 大家先别着急，今天要把任务分配一下。

6. 他没有被别人尊重的感觉，所以也不会尊重别人。

1. 他把头发染，我都没认出来。

_____

2. 你把东西别到处乱放。

_____

3. 他放行李到宿舍就跑来看你了。

_____

4. 他受良好的教育过。

_____

5. 大家先别着急，今天把任务要分配一下。

_____

6. 他没有别人尊重的感觉，所以也不会尊重别人。

_____

请沿虚线折一下

7. 他骗爸爸，叫打了一顿。

_____

_____

8. 你能翻译这篇文章成中文吗？

_____

_____

9. 她挨了表扬，脸一下子红了。

_____

_____

10. 我们把老板上午安排的工作得做完才
能下班。

_____

_____

7. 他骗爸爸，被打了一顿。／他骗
爸爸，叫爸爸打了一顿。

8. 你能把这篇文章翻译成中文吗？

9. 她受了表扬，脸一下子红了。

10. 我们得把老板上午安排的工作做
完才能下班。

星 期 三

扩写句子

　　同样一句话，如果只用句子的主干，也就是主谓宾来表达，给人的感觉就会很单调；相反，如果加入定语、状语、补语成分，就会使人更清楚你要表达的意思，句子当然也就更加优美。所以，我们在写文章的时候需要加入一些修饰性词语。从前面的学习中我们发现，完整优美的表达可以让我们在 HSK 四、五级的考试中得到很高的评分。而在 HSK 六级写作中，我们只有掌握哪些是修饰性词语，哪些是可以省略的部分，才能缩写出一篇好文章来。

考点解析

修饰性词语

1. 什么叫修饰性词语？

　　修饰性词语是修饰句子主干的词、短语，名词、形容词、副词等都可以用作修饰性词语。

2. 修饰性词语在句子中常作的成分：定语、状语、补语。

　　（1）作定语的修饰性词语

　　① 领属性词语或表示时间、处所的词或短语

　　② 数量短语

　　③ 动词或动词短语

④ 形容词或形容词短语

⑤ 名词或名词短语

例：国家队的（领属性）一位（数量）有十多年教学经验的（动词短语）优秀的（形容词）篮球（名词）教练

(2) 作状语的修饰性词语

① 表目的或原因的介宾短语

② 表时间或处所的词或短语

③ 表语气（副词）或对象的词或短语（介宾短语）

④ 表情态或程序的词或短语

例：许多老师　昨天（时间）在休息室里（处所）都（范围）热情地（情态）同他（对象）交谈。

(3) 作补语的修饰性词语

① 表示动作、行为的结果、状态、趋向的谓词性词语

例：他终于见到了姐姐，高兴得眼泪都要流下来了。

② 数量短语（时量、动量、比较数量）

例：为了办这个签证，我去了出入境管理局两次。

③ 介词短语

例：这件事发生在冬天。

考题实战

（一）完成句子（注意修饰性词语）

1. 吃饭　去　酒　他　带着　餐厅

_____

2. 分配　老板　要　任务　一下

_____

3. 买　是　什么　时候　的　这本书

_____

4. 学生　非常　出色　有　两个　的
教授

_____

5. 去了　为了　买　电影票　售票处
几次　他

_____

6. 忙　每天　他　到　半夜

_____

7. 走进　房间　来　妹妹　高高兴兴　地

_____

8. 得　更好　人们　的　过　生活　了

_____

9. 热情　十分　都　的　这里　人们

_____

10. 顺利　地　工作　找到　了　她

_____

参考答案：

1. 他带着酒去餐厅吃饭。

2. 老板要分配一下任务。

3. 这本书是什么时候买的？

4. 教授有两个非常出色的学生。

5. 他为了买电影票去了售票处几次。／
他为了买电影票去了几次售票处。

6. 他每天忙到半夜。

7. 妹妹高高兴兴地走进房间来。

8. 人们的生活过得更好了。

9. 这里的人们都十分热情。

10. 她顺利地找到了工作。

请沿虚线折一下

（二）看图，用词造句

1. 饭馆

2. 上班

3. 年纪

4. 高

5. 照相机

参考答案：（每句话都正确，你比较一下，哪句更完整、更地道、更优美。）

1. 这个饭馆人很多。／这个饭馆生意很好，有很多人。／这个饭馆生意很好，有很多人都来这里吃饭。

2. 她在上班。／她穿着制服，看起来还在上班。／她每天上班的时候，都穿着整洁的制服，而且面带微笑。

3. 她的年纪很小。／她看起来年纪很小。／她年纪很小，看起来还在上幼儿园。

4. 这栋楼很高。／这栋楼很高，差不多有 50 层。／这栋楼非常高，高得仿佛站在楼顶伸手就能摸到白云。

5. 他在用照相机拍照。／这个男人正在用照相机拍照。／这个男人正在用他的照相机拍摄美丽的景色。

6. 他们在参观博物馆。／他们正在历史博物馆参观。／导游正带领着游客，参观当地的历史博物馆。

7. 他在学游泳。／他在游泳馆里学习游泳。／在游泳馆里，爸爸正在教他的孩子学习游泳。

8. 他在照镜子。／他看着镜子里自己的脸。／他在照镜子，看看自己刚才有没有把脸洗干净。

9. 兔子很可爱。／这只小兔子看起来很可爱。／这只白色的小兔子看起来真的很可爱。

10. 他骑着自行车。／他在公路上骑着自行车。／在公路上，他骑自行车骑得飞快，好像正在和谁比赛。

6. 参观

7. 游泳

8. 镜子

9. 可爱

10. 自行车

请沿虚线折一下

◆ 生词

老板　lǎobǎn（名）	boss 사장 店の主、経営者
分配　fēnpèi（动）	distribute 분배하다, 배치하다 分配割り当てる
出色　chūsè（形）	outstanding; remarkable 뛰어나다 すばらしい
制服　zhìfú（名）	official costume; uniform 제복 制服、ユニホーム
年纪　niánjì（名）	age 나이 年齢
栋　dòng（量）	(measure word) used for housing 동 , 채（건물을 세는 단위） 棟
仿佛　fǎngfú（副）	seemingly; as if/though 마치 …인 듯하다 あたかも（…のようだ）、まるで、さながら
摸　mō（动）	touch 어루만지다 （手で）触る、なでる、（手を）触れる
博物馆　bówùguǎn（名）	museum 박물관 博物館
带领　dàilǐng（动）	lead 인솔하다 引率する、案内する、引き連れる

复习与练习

扩写句子

1. 他在看书。

   _____

   _____

   _____

2. 我喜欢打篮球。

   _____

   _____

   _____

3. 朋友买了礼物。

   _____

   _____

   _____

4. 今天天气晴朗。

   _____

   _____

   _____

5. 商店在卖东西。

   _____

   _____

   _____

请沿虚线折一下

6.公园里有一个老人。

_____

_____

_____

_____

7.上海离北京很远。

_____

_____

_____

_____

8.飞机还没起飞?

_____

_____

_____

_____

9.明天可能下雨。

_____

_____

_____

_____

10.地球是我们的家园。

_____

_____

_____

_____

6.公园里有一个老人在休息。/公园里有一个老人坐在长椅上休息。/街边的公园里有一个老人正坐在大树旁的长椅上静静地休息。

7.上海离北京很远,坐飞机要两个小时。/上海离北京很远,坐飞机要两个小时,坐高铁要五个小时。/上海离北京很远,坐飞机要两个小时,坐高铁要五个小时,坐汽车的话就更久了。

8.飞机现在还没起飞吗?/都两点了,飞机现在还没起飞吗?/都下午两点了,飞机现在还没起飞,是不是出什么问题了?

9.明天可能要下雨。/天气预报说明天可能要下雨。/天气预报说明天可能要下雨,出门记得带雨伞。

10.地球是我们共同的家园。/地球是我们人类共同的家园。/地球是我们人类共同的家园,我们要好好爱护它。

扩写短文

掌握了汉语的句子结构、常用句式和修饰性词语，我们就可以写出比较长的、表达准确优美的句子了。如果再了解一些汉语的写作常识，加上我们的想法，那么用汉语写作文就不是什么难题了。而HSK六级书写部分要求我们缩写一篇叙述性的文章，也就是把一篇文章中无关紧要的部分去掉，只保留一些主要的、跟文章中心意思有关的语句。所以我们只要找到一段话的中心词，就会很容易完成这篇作文了。

与HSK六级的书写要求相反，HSK五级的书写要求是结合给出的词语，扩写出一篇80字左右的短文。这和HSK六级的要求联系起来不难发现，两者都是通过"中心词"来构思文章的。那么我们先从HSK五级入手来掌握"中心词写作法"吧。

考点解析

扩写知识

1. 什么是扩写？

扩写就是在不改变所给材料主要内容的前提下，对材料进行扩展补充，使内容更充实、更具体。

2. 扩写的要求

（1）扩写要结合材料，不能任意发挥。

（2）扩写时注意：情节发展要合理，内容前后要统一。

（3）扩写的语言前后要连贯，表达要通顺。

考题实战

实战一

请结合下列词语（要全部使用）写出一篇80字左右的短文。

圣诞节　晚会　礼物　热情　舞蹈

_____

_____

_____

_____

_____

_____

实战二

请结合下列词语（要全部使用）写出一篇80字左右的短文。

教师　奉献　退休　邻居　尊敬

_____

_____

_____

_____

_____

_____

_____

应试技巧

实战一

1. 把所给词语联系在一起，形成一个句子。

_____

_____

_____

_____

_____

_____

2. 根据句子进行想象，并扩展成完整的
一件事，安排事件发展的顺序和过程。

_____

_____

_____

_____

_____

_____

参考答案：

实战一

　　1. 提示：圣诞节晚会，同学们表演舞蹈，热情地打招呼，互相送礼物。

　　2. 提示：举办晚会—表演舞蹈—热情地打招呼—互相送礼物

　　今天，学校举办了庆祝圣诞节的晚会，舞台上同学们表演的舞蹈非常棒，我们在下面看得也非常高兴。晚会结束后，表演完的同学都过来热情地和我们打招呼，我们一起聊天，还互相交换了礼物。

请沿虚线折一下

实战二

1. 把所给词语联系在一起，形成一个句子。

_____

_____

_____

_____

_____

_____

2. 根据句子进行想象，并扩展成完整的一件事，安排事件发展的顺序和过程。

_____

_____

_____

_____

_____

实战二

1. 提示：邻居们看到教师批改作业，教师直到退休都在为教育奉献，受到人们的尊敬。

2. 提示：教师批作业—曾是优秀毕业生——直教到退休—奉献给教育事业—受到尊敬

　　在夜里，邻居们常常会看到一个在窗前批改作业的身影。那是一位教师，当年她是师范大学的优秀毕业生。她当了几十年的老师，直到退休。她把一生都奉献给了教育事业，受到了周围人的尊敬。

◆ **生词**

庆祝　qìngzhù（动）	celebrate 경축하다 慶祝する、祝う
舞蹈　wǔdǎo（名）	dance 무용 舞踏、舞踊、踊り、ダンス
棒　bàng（形）	excellent 뛰어나다 すばらしい
打招呼　dǎ zhāohu	say hello (to) 인사하다 あいさつする
交换　jiāohuàn（动）	exchange 교환하다 交換する、取り交わす、やりとりする
退休　tuìxiū（动）	retire 퇴직하다 定年
奉献　fèngxiàn（动）	devote; dedicate 이바지하다 献上する、差し上げる
事业　shìyè（名）	career 사업 事業
尊敬　zūnjìng（动）	respect 존경하다 尊敬する

复习与练习

请结合下列词语（要全部使用）写出一篇80字左右的短文。

1. 幸福　睡衣　爸爸　绿茶　电视剧

_____

_____

_____

_____

_____

_____

_____

2. 风景　老人　湖边　山水画　羡慕

_____

_____

_____

_____

_____

_____

参考答案：

1. 周末的上午，我穿着睡衣坐在电脑前上网。爸爸在客厅里一边看着报纸，一边喝着绿茶，妈妈在爸爸旁边看着电视剧。小猫趴在窗边的地板上晒着太阳。这是一幅多么幸福的画面啊！

2. 我们来到了一个风景秀丽的地方，看到湖里的一条小船上坐着一位老人。湖边有几间矮矮的房子，四周是一大片树林，这一切如同一幅美丽的山水画。我们都非常羡慕老人的生活。

星 期 五

看图写短文

　　看图写短文就是把画面中的意思用文字表达出来，这是 HSK 五级的书写形式，同时也是作文训练的一种常见形式。它能培养你的观察能力、想象能力和有条理的思维能力。图片是静止的，而且比较单调，我们要通过仔细观察和合理联想，使静止的画面动起来、充实起来。比如使人物开口说话、开展心理活动，使景物具有色彩等。　在 HSK 六级写作中需要把所给的短文在脑海中转化成一幅幅画面，然后用自己的语言叙述出来。所以别偷懒，跟着老师好好练习啊！

考点解析

看图联想

联想的步骤：

　　1. 先了解图上画的事物以及画面要表达的主要内容。

　　2. 细看画面，了解事情发生的地点、环境；如果有人物，要细看他／她的衣着、身材、动作和表情，联想人物的身份；从景物或者人物的衣着，分析出事情发生的时间。

　　3. 分析图片想说明一个什么问题，想象出以前是什么样，以后会发生什么变化。

考题实战

实战一

请结合这张图片，写一篇 80 字左右的短文。

_____

_____

_____

_____

_____

_____

_____

实战二

请结合这张图片，写一篇 80 字左右的短文。

_____

_____

_____

_____

_____

_____

_____

应试技巧

参考答案：
实战一
　　1. 提示：人们发起"地球一小时"的活动。

实战一

1. 把所给图片，用一句简单的话概括出来。

_____

_____

_____

_____

_____

_____

　　2. 提示：气候变化—发起活动—提出倡议—行动支持

　　二氧化碳的过量排放导致的气候问题已经威胁到了人类的生存。面对这种情况，来自80多个国家的人们发起了一场"地球一小时"的活动，倡议"我们一起熄灯一小时"，希望以熄灯的行为表明对应对气候变化行动的支持。

2. 根据句子进行想象，并扩展成完整的一件事，安排事件发展的顺序和过程。

_____

_____

_____

_____

_____

_____

_____

请沿虚线折一下

实战二

1. 把所给图片，用一句简单的话概括出来。

_____

_____

_____

_____

_____

_____

2. 根据句子进行想象，并扩展成完整的一件事，安排事件发展的顺序和过程。

_____

_____

_____

_____

_____

实战二

　　1. 提示：春天，爸爸和儿子在草地上放风筝。

　　2. 提示：草地上—爸爸和儿子在放风筝—儿子望着风筝—爸爸在旁边—爸爸告诉儿子如何放风筝

　　春暖花开的季节，晴朗的天空下，爸爸和儿子正在一片绿油油的草地上放风筝。年幼的儿子兴奋地望着刚刚飞起来的风筝。爸爸慈爱地站在他的旁边，正在告诉可爱的儿子怎样才能把风筝放得更高更远。

◆ 生词

二氧化碳	èryǎnghuàtàn（名）	carbon dioxide 이산화탄소 二酸化炭素
排放	páifàng（动）	discharge 배출하다 （廃棄物を）排出する
导致	dǎozhì（动）	lead to; bring about 초래하다 導く、招く、引き起こす
威胁	wēixié（动）	threaten 위협하다 威嚇する、脅す、おびやかす
人类	rénlèi（名）	mankind; humankind 인류 人類
生存	shēngcún（动）	survive 생존 生存する
倡议	chàngyì（动）	propose 제의하다 提議する、提案する、呼びかける
表明	biǎomíng（动）	indicate; manifest 표명하다 表明する
行动	xíngdòng（名）	action 행동 行動

 复习与练习

请结合下列图片，写一篇80字左右的短文。

1.

_____

_____

_____

_____

2.

_____

_____

_____

_____

参考答案：

　　1. 水是人们生活中不可缺少的资源。我们要保护它、珍惜它。节约用水，是我们共同的责任。同时，希望最后一滴水，不是人类的眼泪！最后，请地球上每一位公民记住：节约用水，人人有责！

　　2. 昨天突然下了一场大雪，搅乱了人们正常的生活和工作秩序。由于大雪造成路滑，城市道路的堵车情况非常严重。各种车辆在路上排成了长龙，上班、上学的人都可能会因此而迟到。

周末复习与训练

这一周，我们学习了写作的基础知识，已经能够写出完整的小短文了。除了文字以外，写作中还有一个不可缺少的部分就是标点符号。标点符号是辅助文字记录语言的符号，是书面语的组成部分，用来表示停顿、语气以及词语的性质和作用。对于 HSK 六级的学生来说，掌握了常用标点符号的使用方法，就可以基本达到写作要求了。如果能在熟练掌握常用标点符号的基础上，再了解一些不太常用的标点符号，并把它们活学活用，就可以使文章更有美感，更加生动。

知识点补充

（一）标点符号用法

标点符号是书面语言的组成部分，是书面语言不可缺少的辅助工具。它能够帮助人们准确地表达思想感情和理解书面语言。

用法简表

名称	符号	用法说明	举例
句号	。	1. 用于陈述句的末尾。	上海是中国第一大城市。
		2. 用于语气舒缓的祈使句末尾。	请您过会儿再打电话。
问号	？	1. 用于疑问句的末尾。	这件衣服多少钱？
		2. 用于反问句的末尾。	难道你听不见吗？
叹号	！	1. 用于感叹句的末尾。	多么美丽的风景啊！
		2. 用于语气强烈的祈使句末尾。	这里禁止吸烟！
		3. 用于语气强烈的反问句末尾。	我哪儿知道他的想法呀！

名称	符号	用法说明	举例
逗号	，	1. 句子内部主语与谓语之间如需停顿，用逗号。	举办过奥运会的北京，是中国的首都。
		2. 句子内部动词与宾语之间如需停顿，用逗号。	要知道，罗马不是一天建成的。
		3. 句子内部状语后边如需停顿，用逗号。	对于这个问题，我们不知道该怎样解决。
		4. 复句内各分句之间的停顿，除了有时要用分号外，都要用逗号。	听说北京的胡同有几千条，我去过的只有几十条。
顿号	、	用于句子内部并列词语之间的停顿。	中国、日本、韩国、新加坡等国家都参加了这次会谈。
分号	；	1. 用于复句内部并列分句之间的停顿。	柳树倒映在河水里，显得更绿了；天空倒映在河水里，显得更蓝了。
		2. 用于分行列举的各项之间。	中华人民共和国行政区域划分如下： （一）全国分为省、自治区、直辖市； （二）省、自治区分为市、自治州、县、自治县； （三）县、自治县分为乡、民族乡、镇。
冒号	：	1. 用于称呼语后边，表示提起下文。	各位老师、同学们：大家好！
		2. 用于"说、想、是、证明、宣布、指出、透露、例如、如下"等词语后边，表示提起下文。	奶奶笑着说："快来吃饭了！"
		3. 用于总说性话语的后边，表示引起下文的分说。	中国有四个直辖市：北京、天津、上海、重庆。
		4. 用于需要解释的词语后边，表示引出解释或说明。	报到时间：上午8时至下午4时地点：北京师范大学主楼
		5. 用于总括性话语的前边，以总结上文。	她去了清华，他进了北大：他们都实现了之前的愿望。

名称	符号	用法说明	举例
引号	" " ' '	1. 用于行文中直接引用的部分。	"功夫不负有心人"，他通过努力终于取得了成功。
		2. 用于需要着重论述的对象。	如今，"金融危机"已经扩散到了全世界。
		3. 用于具有特殊含义的词语。	用别人的钱做好事，你真的是太"善良"了。
		4. 引号里面还要用引号时，外面一层用双引号，里面一层用单引号。	她问："老师，'三人行必有我师'是什么意思？"
括号	（ ）	用于行文中注释的部分。注释句子中某些词语的，括注紧贴在被注释词语之后；注释整个句子的，括注放在句末标点之后。	(1) 老舍（原名舒庆春）是中国现代小说家。 (2) 他养了许多花，还饲养了许多小动物。（他后来还曾照顾过动物园里的一只没有妈妈的小老虎。）
破折号	——	1. 用于行文中解释说明的部分。	世界第八大奇迹——秦始皇陵兵马俑。
		2. 用于话题突然转变。	每个窗子里都透出灯光来，街上飘着一股烤鹅的香味，因为这是大年夜——她可忘不了。
		3. 用于声音延长的拟声词后面。	"叮咚——"门铃响了起来。
		4. 用于事项列举分承的各项之前。	HSK 考试共分为三部分： ——听力； ——阅读； ——书写。

名称	符号	用法说明	举例
省略号	……	1. 用于引文的省略。	她唱起了那首歌："海风在我耳边倾诉着老船长的梦想……"
		2. 用于列举的省略。	北京有很多名胜古迹：长城、故宫、颐和园、十三陵、天坛……
		3. 用于话语中间，表示说话断断续续。	他颤抖地说："对……对不起。"
连接号	—	1. 两个相关的名词构成一个意义单位，中间用连接号。	中国秦岭—淮河以北地区属于温带季风气候区，夏季高温多雨，冬季寒冷干燥。
		2. 相关的时间、地点或数目之间，用连接号，表示起止。	这列火车的路线是上海—乌鲁木齐。
		3. 相关的字母、阿拉伯数字等之间，用连接号，表示产品型号。	AH—64A 阿帕奇是一种全天候、全环境作战的直升机。
		4. 几个相关的项目表示递进式发展，中间用连接号。	人类的发展可以分为类人猿—原始人类—智人类—现代人类四个阶段。
间隔号	·	1. 用于外国人和某些少数民族人名内各部分的分界。	比尔·盖茨
		2. 用于书名与篇（章、卷）名之间的分隔。	《史记·项羽本纪》
书名号	《 》	用于书名、篇名、报纸名、刊物名等。	《三国演义》的作者是罗贯中。

（二）标点符号格式范例

对于这件事，我们也不太了解。 *（占1格，占1格）*

你认识他吗？他是王老师。 *（占1格，占1格）*

多么美丽的景色啊！ *（符号和汉字之间不能空格，占1格）*

北京、上海、南京都是中国的城市 *（占1格，占1格，占1格）*

时间，是人最宝贵的财富；时间，是一去不 *（占1格，占1格，占1格）*

复返的流水。 *（占1格）*

他说："今天天气真好，我们去游乐场玩吧。" *（占1格，占1格，占1格）*

"功夫不负有心人"，这句话说得很有道理。 *（占1格，占1格，占1格）*

鲁迅（原名周树人）是中国著名作家。 *（占1格，占1格，占1格）*

我们终于来到了中国的首都——北京。 *（占2格，占1格）*

我去过很多国家，日本、中国、美国、加拿 *（占1格，占1格，占1格，占1格）*

大、印度…… *（占1格，占2格）*

今年的假期是7月30日—8月30日。 *（占1格，占1格）*

马克·吐温是美国著名的幽默大师、作家。 *（占1格，占1格，占1格）*

周杰伦的歌曲《七里香》很受学生们的欢迎。 *（占1格，占1格）*

逗号、句号等不能写在某一行的开头，应与上一行的最后一字写在同一格内。

练习

请为下列短文填上标点符号。

　　雨后，一只蜘蛛艰难地向墙上已经支离破碎的网爬去。由于墙壁潮湿，它爬到一定的高度，就会掉下来，它一次次地向上爬，一次次地又掉下来。

　　第一个人看到了，他叹了一口气，自言自语道："我的一生不正如这只蜘蛛吗？忙忙碌碌而无所得。"于是，他日渐消沉。

　　第二个人看到了，他说："这只蜘蛛真愚蠢，为什么不从旁边干燥的地方绕一下爬上去？我以后可不能像它那样愚蠢。"于是，他变得聪明起来。

　　第三个人看到了，他立刻被蜘蛛屡败屡战的精神感动了。于是，他变得坚强起来。

参考答案：

雨后，一只蜘蛛艰难地向墙上已经支离破碎的网爬去。由于墙壁潮湿，它爬到一定的高度，就会掉下来。它一次次地向上爬，一次次地又掉下来……

第一个人看到了，他叹了一口气，自言自语道："我的一生不正如这只蜘蛛吗？忙忙碌碌而无所得。"于是，他日渐消沉。

第二个人看到了，他说："这只蜘蛛真愚蠢，为什么不从旁边干燥的地方绕一下爬上去？我以后可不能像它那样愚蠢。"于是，他变得聪明起来。

第三个人看到了，他立刻被蜘蛛屡败屡战的精神感动了。于是，他变得坚强起来。

范文欣赏

（来感受一下，标点符号带给文章的美感。）

北京的符号

40

小时候，我一听到卖糖葫芦的吆喝声，就缠着妈妈买来吃。有时候还偷偷地跟在卖糖葫芦的身后，不是为糖葫芦，而是为那一声声吆喝。

经常来吆喝的是个"老北京"，他一口悦耳的吆喝声，让我非常羡慕。那一段日子，只要他经过我家门口，我就会跟在他身后一起学着吆喝。"老北京"很喜欢我，每天都会给我一串糖葫芦。

80

120

160

200

240

十五年后，我长成了二十多岁的大小伙子。那个卖糖葫芦的"老北京"也再也见不到了。我每天都在为前途奔波，理想是将来当个白领，再也不想小时候吃糖葫芦的事了。那悦耳的吆喝声，也随着时代的变迁被遗忘得干干净净。

后来，在一次春节庙会上，在熙熙攘攘的人群中，我又看到了那个陌生而熟悉的身影。十五年过去了，"老北京"的模样依然没变。我上前和他打招呼，他惊异地望着我，然后慈祥地笑了。

他递给我一串糖葫芦，说："提前付你的工资，像当年一样跟着我吆喝。"我仿佛又找回了自己的童年，但是我突然发现自己无论如何也张不开口，站在原地呆了半天。我感觉那太丢人了，毕竟我已经是个二十多岁的大人了。

"老北京"笑了笑说："怕了？我就知道。"然后，他一个人吆喝开了：

冰 —— 糖 —— 葫芦 ——

那悦耳的吆喝声，悠悠扬扬地进入我的脑海，像一缕残梦：胡同深处 —— 四合院 —— 小孩儿 —— 妈妈……一股热浪叩击着我的心房。终于，我抛开一切，扯开了喉咙吆喝：

冰 —— 糖 —— 葫芦 ——

◆ [点评]

《北京的符号》，在标点的使用上别具匠心，胜人一筹。全文叙事、描写于朴实中见真情，而标点在文中的作用则是画龙点睛。一篇优秀的作文，在内容明白、结构完整、语言通顺的基础上，还要有精彩之处（也就是"亮点"）。此文收尾处那醉人的"冰——糖——葫芦——"，正是"亮点"所在。相信读过此文之后，这醉人的京韵一定会长久地萦绕于读者耳畔，留存于读者心中。

第 2 周 〉〉〉〉〉

学习重点：缩写基础训练

从本周开始，我们就要正式进入 HSK 六级写作的训练了。也就是读一篇 1000 字左右的文章，然后把它缩写成 400 字左右的短文。怎样读懂那么长的文章？怎样记住那么多的内容？怎样把脑海中那么多杂乱的内容写出来？怎样把 1000 字变成 400 字？这都不是简单的事，需要我们一步一步地练习。

星 期 一

作文格式

　　我们在读一篇文章时会在脑海中形成一幅幅画面，当我们放下这篇文章后，脑子里还会留下这些画面，而且不容易忘记。这就说明在读文章的时候，只要把文章的内容转化成一幅幅图片，我们就更容易记住文章的内容了。根据脑子中的图片写出一篇文章，这就相当于是看"图"作文。所以，我们这一课先来学习怎样利用图片写出一篇完整的文章。

　　另外，作为考试作文，我们还必须掌握书写格式，这些格式的要求和你的母语可能有一些差别，你可要格外注意啊。否则，因为格式错误被扣分就太可惜了。

考点解析

格式说明

作文格式范例

至少空4格，也可把题目写在中间

| ✓ | ✓ | ✓ | ✓ | 父 | 亲 | 的 | 遗 | 产 | | | | | | | | | | | |

或

| | | | | | | 父 | 亲 | 的 | 遗 | 产 | | | | | | | | | |

中间

每段前空2格

| ✓ | ✓ | 父 | 亲 | 是 | 赚 | 钱 | 的 | 高 | 手 | ， | 儿 | 子 | 是 | 花 | 钱 | 的 | 高 | 手 | 。 | 父 |

| 亲 | 常 | 劝 | 儿 | 子 | 要 | 学 | 本 | 事 | ， | 不 | 能 | 只 | 吃 | 喝 | 玩 | 乐 | 。 | 儿 | 子 | 却 |

| 从 | 来 | 不 | 听 | 。 | | | | | | | | | | | | | | | | |

| | | … | … | | | | | | | | | | | | | | | | | |

| | | … | … | | | | | | | | | | | | | | | | | |

| | | … | … | | | | | | | | | | | | | | | | | |

| | | 律 | 师 | 交 | 给 | 儿 | 子 | 一 | 封 | 信 | ， | 父 | 亲 | 在 | 信 | 中 | 告 | 诉 | 儿 | 子 |

| 自 | 己 | 这 | 样 | 做 | 的 | 苦 | 心 | ， | 希 | 望 | 儿 | 子 | 能 | 创 | 造 | 出 | 比 | 自 | 己 | 更 |

| 多 | 的 | 财 | 富 | 和 | 价 | 值 | 。 | | | | | | | | | | | | | |

考题实战

请根据图片提供的内容，发挥想象，完成一篇不少于 400 字的叙事短文。

应试技巧

1. 快速浏览图片，理解图片包含的内容，把事件的发展过程列出来。

2. 写出图片中包含的人物、地点、时间。

（有的图片没有明确的时间、地点、人物，可以省略不写。）

参考答案：

1. 提示：恋爱、结婚—有了第一个孩子—有了第二个孩子—全家人过圣诞节

2. 提示：
人物：爸爸、妈妈、姐姐、弟弟
地点：家
时间：圣诞节的晚上

　　每到圣诞节的时候，我都会特别想家。

　　我有一个幸福的家，家里有爸爸、妈妈、弟弟和我。25年前，爸爸和妈妈相爱、结婚，然后就有了我。在我三岁的时候，家里又增添了一个新成员，就是我的弟弟。

　　爸爸是一家贸易公司的经理，工作很辛苦，每天天不亮就出门，晚上很晚才回来。但是不管多晚，他都会给我和弟弟讲一个故事，然后再哄着我们入睡。那些故事，我到现在都记得很清楚。我最喜欢的就是圣诞节的故事。爸爸说每当圣诞节到来的时候，大胡子的圣诞老人就会送给我们一份精美的礼物，所以那时我盼望圣诞节的来临，胜过其他节日。每到圣诞节前夜，妈妈都会做好饭，和我们一起等爸爸回来，然后我们全家一起吃饭，迎接圣诞。第二天早晨，我和弟弟一定会在床头的袜子里发现一份自己早就想要的礼物。当然我和弟弟现在都知道，那个送我们礼物的圣诞老人其实就是爸爸。

　　这就是我的家，家里有疼我爱我的爸爸和妈妈，有无数温馨和幸福的事情。即使我现在身在国外，但每到圣诞节的时候，我都会想起我的家，想起爸爸、妈妈和弟弟。

◆ 生词

增添　zēngtiān（动）	add 보태다 増やす、加える、添える
成员　chéngyuán（名）	(of a family, an organisation, etc.) member 구성원 成員、構成員、メンバー
贸易　màoyì（名）	trade 무역 貿易
哄　hǒng（动）	coax 달래다 あやす、すかす
盼望　pànwàng（动）	look forward to 간절히 바라다 待ち望む
迎接　yíngjiē（动）	welcome 맞이하다 迎える
无数　wúshù（形）	innumerable; countless 무수한 無数、数限りない

复习与练习

1. 请结合这张图片写一篇 80 字的短文。

_____

_____

_____

_____

_____

2. 请结合下列词语（要全部使用）写出一篇 400 字左右的叙事短文。

下午　公园　盲人　烦恼　命运

_____

_____

_____

_____

_____

参考答案：

1. 最近，在公园入口处、小区草坪上、商场门口等地方，都立上了"禁止携犬进入"的警示牌。这是一种很好的做法，一方面可以保护环境卫生、保障公共安全，另一方面可以提醒人们要文明饲养宠物。

2. 下午，我独自坐在公园的椅子上，想着那令人难过的汉语水平考试成绩。

我努力了这么久，结果成绩却比任何一次都要差。如果这么久的努力只换来这样的成绩，我还应该继续留在中国吗？突然，一阵奇怪的声音传来。我抬起头，看到一个和我年龄差不多的女孩正向我这边走来，那声音就来自她手中的拐杖。她在离我不远的地方坐下，打开手中的书，十个手指在书上摸着。她是个盲人！我有些吃惊地看着她的双眼，那黑黑的眼睛中闪着智慧的光。天啊，那么美的眼睛，怎么会什么都看不见？我叹了口气，看来倒霉的人并不只是我一个。

我走过去用汉语和她打招呼，她便很友好地和我聊了起来。我把烦恼告诉了她，完全忘了她只是个陌生人。听了我的话，她微笑着说："其实命运有时是不公平的，一切都得靠自己去争取。考不好怕什么，找到不足就赶快弥补！"

我仔细品味着她的话，她笑了笑，转身就要走。我要送她但被她拒绝了，她说她自己的路要自己走。我看着她渐渐走远，突然她又转过身来大声对我说："做你自己的主人，别让命运摆布你！"

微风轻轻地吹来，我站起来，深吸了一口气，觉得一切都变得美丽起来。

星 期 二

文章结构

　　我们说话、做事都有一定的规律和顺序，写文章也是这样，都是按照一定的规则和顺序来的。因此，我们如果能了解所给短文的结构和布局，就能够快速地找到文章的中心线索，理清短文的层次。这样，我们就能更好地记忆文章的中心内容，在复述的时候就能更清楚、更准确。在HSK六级写作中，所给的短文都是叙事性的文章，属于记叙文。所以，我们只要了解了记叙文的常用结构，就能很容易地找出短文的中心内容，并按照这种结构把文章缩写出来。

考点解析

记叙文的结构

1. 什么是记叙文?

　　记叙文是以记叙和描写为主要表达方式的文章。

　　侧重记事的记叙文称为叙事性记叙文，它以叙述事情的发生、发展、经过和结果为重点。

2. 叙事性记叙文的结构种类：

　　（1）时序贯穿：按时间先后顺序划分层次和段落。

　　（2）空间转移：以空间的变换、地点的转移划分层次和段落。

　　（3）逐层深入：按事件的起因、经过、结果的顺序，或按人物的感情变化过程叙事。

　　（4）并列组合：把生动的人物、事件或景物片断拼接在一起。

考题实战

请结合下列词语（要全部使用）写出一篇400字左右的叙事短文。

晚上7点　悉尼　麦克

电子邮件　希望工程

应试技巧

1. 把所给词语联系在一起，形成一个句子。

_____

_____

_____

_____

2. 根据句子进行想象，并扩展成完整的一件事，安排事件发展的顺序和过程。

_____

_____

_____

_____

请沿虚线折一下

1. 提示：晚上7点，麦克在悉尼给我发了一封电子邮件，说他想要为"希望工程"做点事。

2. 提示：晚上7点开电脑—收到麦克的邮件—我和麦克聊到"希望工程"—麦克捐助小男孩—我感觉世界像一个大家庭

晚上7点，我一打开电脑，就发现有一封电子邮件，原来是麦克发来的。他是我在悉尼最好的朋友。

我2005年来到中国学习汉语，而麦克也通过我慢慢地了解了中国。他知道中国有悠久的历史、灿烂的文化，经济也在快速地发展着。他对中国的历史很感兴趣，总想找个机会到中国来玩玩。有一天，麦克忽然问我"希望工程"是什么。我回信告诉了他。他再来信的时候，直接要我给他联系一个上不起学的孩子。

第二天，我找到了一个安徽的小男孩，把他的资料发给麦克。从此以后，麦克每月通过互联网把钱和写满鼓励的信发给我，我再转寄给小男孩。同时，我再把小男孩的回信转发给麦克。看着麦克用不太熟练的中文写出的一封封信，我也感动万分。

一天早上，我在校园的广告栏上看到了一张招贴画。画的是5个不同肤色、不同发色的小孩子手拉手在地球上跳舞，白色的鸽子在四周飞翔。看着这幅画，我不禁想起了麦克常说的一句话：我们都是一家人嘛！是啊，地球很大，但世界很小，小得就像一个家。

◆ 生词

悠久 yōujiǔ（形）	long-standing 유구하다 悠久
灿烂 cànlàn（形）	brilliant 찬란하다 きらびやかに輝く、光り輝く、きらめく
互联网 hùliánwǎng（名）	Internet 인터넷 インターネット
飞翔 fēixiáng（动）	fly 하늘을 빙빙 돌며 날다, 비상하다 空中を旋回する、飛び回る
不禁 bùjīn（副）	can't help doing 자기도 모르게 思わず …せずにいられない

复习与练习

1. 请结合这张图片写一篇80字的短文。

_____

_____

_____

_____

2. 请结合下列词语（要全部使用）写出一篇400字左右的叙事短文。

冬天的晚上　小吃店　老奶奶
流泪　幸福

_____

_____

_____

_____

参考答案:

1. 现在，北京的街道上摆放的基本都是可以分类的垃圾桶，这种垃圾桶不仅更加美观，还可实现垃圾分类。它分为"可回收"和"不可回收"两个桶，这样就能够对可回收的垃圾进行再次利用，避免浪费，从而更好地保护环境。

2. 一个冬天的晚上，一个自认为很不幸福的女孩又与母亲吵了一架，赌气离开了家。天很黑很冷，女孩不由自主地打了个寒战。忽然，她看见前面有一个小吃店，就走了进去，想买一碗面条。但当她掏钱时才发现，原来出门时忘了带钱。她很饿，可又不想回家，所以左右为难。

小吃店的老板是一位好心的老奶奶，她看到这样的情景很同情女孩。她对女孩说："我请你吃碗面条吧！"在这样的夜晚遇到这么好心的人，女孩感动得流泪了。她给老奶奶讲述了自己离家出走的原因。老奶奶听了以后语重心长地对女孩说："我只是请你吃了碗面条，你就感动得流泪，而你的母亲为你做了多少顿饭呢？你有没有因此感动过呢？"女孩愣住了。

当女孩急忙赶回家时，她看到母亲正焦急地在楼下呼喊着她的名字，四处寻找她。看见了女儿，母亲松了一口气，赶紧过去拉着她的手说："饭已经做好了，正等着你回来吃呢！快点，不然凉了对胃不好。"女孩又一次流泪了。她终于明白了，原来幸福一直都在她的身边，只是她没有感觉到而已。

星 期 三

缩写的概念和要求（一）

有了前面的写作知识，就可以准备应考了。但是在实际的考试中，我们还需要先看懂原文，而且考试要求读原文时不能记录。因此在10分钟内你的任务是：读懂、记忆。尤其是"记忆"，非常关键，否则就写不下去了。那么"记住什么"？这是我们要明确的。在后面的学习中，最重要的就是要掌握短时间内阅读理解文章的技巧，请你按老师的方法学会"抓住要点，强化记忆"吧。

考点解析

缩写知识

1. 什么是缩写？

缩写就是把一篇内容比较复杂、文字比较长的文章进行压缩，保留它的主要内容，压缩到规定的字数。

2. 缩写的要求

（1）保持原意。（主题、中心不变）

（2）字数要符合要求。（400字左右）

（3）尽量不要打乱原文的顺序。（按照原文的叙述方式来建立结构）

（4）只留下主要内容，去掉修饰词。

（5）明确主题，去掉与主题无关的内容。

（6）明确时间、地点、人物、起因、经过、结果六要素。

考题实战

◆ 例文

一天中午，爸爸走进院子，看见女儿坐在凳子上，望着凤仙花上落着的两只蝴蝶出神，仿佛正在思索的雕塑。她的小脸上布满了疑云，头顶的羊角辫上还落着一只红蜻蜓。

爸爸忍不住笑了，他觉得自己的女儿像个小大人。记得去年有一天，女儿拿着一条绿色的带黑黄斑纹的大虫子问："爸爸，这是什么？"那可是条有毒的大虫子，当时吓得他直冒冷汗。小时候他就曾经被那种虫子咬过，胳膊肿得很高，现在想起来身上还起鸡皮疙瘩呢。但他没有告诉女儿，怕吓坏她，就说："把它喂鸡吃吧，鸡吃了下大蛋。"于是女儿把虫子放到地上，让大公鸡叼走了。

爸爸的脚步声打断了女儿的沉思，她张开双臂像只小鸟一样扑到爸爸怀里。爸爸把她举起来，又亲了亲她的脸说："告诉爸爸，你又在想什么？""这是秘密，不告诉你。"女儿仰起头说。"哈哈，我女儿长大了，也有秘密了。"女儿很严肃地说："爸爸，我突然想到一个问题，可无论我怎么想，想得头疼都想不出答案。"爸爸问："什么问题，不能告诉爸爸吗？"女儿闪着大眼睛一副很神秘的样子。

爸爸刚要转身进屋去，女儿突然拦住爸爸问："爸爸，我是从哪里来的？"爸爸犹豫了，这个问题该怎么跟她说呢？摸着脑袋一时不知如何回答才好。"怎么，爸爸也不知道？"女儿撅起嘴问。爸爸说："谁说我不知道，我亲眼看见你是从妈妈肚子里出来的。"

女儿心里还有许多疑团没解开："我是怎么从妈妈肚子里出来的？我在妈妈

肚子里能不能呼吸？在肚子里面吃什么呢？"她带着一大堆"为什么"去找妈妈，想问个明白，也好验证爸爸的话。吃完午饭，妈妈正在睡觉，女儿没有惊动妈妈，而是悄悄地掀起妈妈的衣服，想看看妈妈肚子上有没有洞。真奇怪，怎么就没有洞呢？

妈妈被惊醒了，用奇怪的眼神打量着女儿："我歇一会儿你都不安稳，这么大了还摸妈妈肚子。"女儿说："妈妈，不是，我是想看看你肚子上有没有洞。""傻丫头，妈妈肚子上哪来的洞，要是有洞，肚子里的东西不是早就掉出来了？"妈妈说着把衣服掀起来，让女儿看。女儿很失望，说："那爸爸说，我是从你肚子里出来的。"妈妈一愣，心里责怪起丈夫来，挺大个人怎么什么话都跟孩子说呢？可是自己又怎么才能跟孩子说明白呢？于是妈妈就说："你爸爸是在骗你呢。"女儿说："不，爸爸从来都不会骗我的。"妈妈笑了，她想起自己小时候，母亲生弟弟的时候，她一觉醒来发现家里多了一个肉嘟嘟的小弟弟，觉得很奇怪。于是她就跑去问母亲小弟弟是从哪里来的，母亲说是从垃圾堆里捡来的。

妈妈把女儿搂到怀里说："让妈妈告诉你吧，你是从垃圾堆里捡来的。""真的吗？"女儿睁大眼睛，十分吃惊。妈妈说："那还有假，小孩子都是他爸妈从垃圾堆里捡来的。"

晚上，爸爸和妈妈从田地里收工回来，远远地就看见女儿拿着小锹在垃圾堆里努力地挖着，满头大汗，满脸灰土，而那里已经被挖出了一个洞来。爸爸问："女儿，你在挖什么？"女儿说："我要挖出个小妹妹，好跟我一起玩。"

爸爸看着妈妈，妈妈看着爸爸，两个人不知道从哪里说起，也不知道说什么才好，像两根木头一样愣在了那里。

 **应试技巧**

（请你按照下面的方法，用10分钟掌握文章的"要点"。）

1. 泛读：先跳过生词障碍，快速读懂文章，明确主题。（3分钟）

2. 精读：列出六要素（时间、地点、人物、起因、经过、结果）。（4分钟）

时间：＿＿＿＿＿＿＿＿＿＿＿

地点：＿＿＿＿＿＿＿＿＿＿＿

人物：＿＿＿＿＿＿＿＿＿＿＿

起因：＿＿＿＿＿＿＿＿＿＿＿

经过：＿＿＿＿＿＿＿＿＿＿＿

结果：＿＿＿＿＿＿＿＿＿＿＿

3. 梳理出文章的脉络，删除与主题无关的句子，边写边背。（3分钟）

＿＿＿＿＿＿＿＿＿＿→

＿＿＿＿＿＿＿＿＿＿→

＿＿＿＿＿＿＿＿＿＿→

＿＿＿＿＿＿＿＿＿＿→

＿＿＿＿＿＿＿＿＿＿→

＿＿＿＿＿＿＿＿＿＿→

＿＿＿＿＿＿＿＿＿＿→

＿＿＿＿＿＿＿＿＿＿→

＿＿＿＿＿＿＿＿＿＿

提示：

去掉多余的修饰短语和句子，比如"仿佛正在思索的雕塑……"，"闪着大眼睛一副很神秘的样子"等。

参考答案：

时间：一天中午、晚上

地点：院子里、垃圾堆

人物：爸爸、女儿、妈妈

起因：女儿在思索

经过：女儿问爸爸和妈妈自己是从哪里来的

结果：女儿相信了妈妈的话，想从垃圾堆挖出一个妹妹来

参考答案：

女儿在思索→爸爸问女儿→女儿问爸爸→爸爸回答女儿→女儿又去问妈妈→妈妈回答女儿→爸爸妈妈看到女儿挖洞→女儿说要挖一个妹妹→爸爸妈妈愣了

◆ **参考例文**

女儿的秘密   40

　　一天中午，爸爸看到女儿正在院子里思索，觉得女儿像个小大人。   80

　　爸爸问女儿在想些什么，女儿却说是秘密，不能告诉爸爸。   120

　　爸爸要走时，女儿还是忍不住问爸爸，她是从哪里来的。在女儿的追问下，爸爸告诉女儿，她是从妈妈的肚子里出来的。   160

　　可是，女儿的心里还有许多问题，她是怎么从妈妈肚子里出来的，在肚子里怎么呼吸，吃什么，等等。她去问妈妈。妈妈正在睡觉，女儿掀起妈妈的衣服，想看看妈妈肚子上有没有洞。   200 240 280

　　妈妈醒了，责怪女儿。女儿解释说，她那么做是要看妈妈的肚子上有没有洞。妈妈说自己肚子上没有洞，并且把衣服掀起来让女儿看。女儿很失望，告诉妈妈是爸爸说自己是从妈妈肚子里出来的。妈妈告诉女儿爸爸是在骗她。女儿不相信。妈妈只好告诉女儿她是从垃圾堆里捡来的。   320 360 400

　　晚上，爸爸和妈妈回来时看见女儿正拿着小锹，在垃圾堆里努力地挖洞，说她要挖出一   440

个妹妹来陪她玩。

480

爸爸和妈妈两个人都愣在了那里。

520

◆ **生词**（掌握上面的技巧是关键，千万不要先学生词啊！）

蝴蝶　húdié（名）	butterfly 나비 チョウ、チョウチョウ
出神　chūshén（动）	be spellbound; be in a trance 넋을 잃다 うっとりする、ぼんやりする
思索　sīsuǒ（动）	think long and deeply; ponder 사색하다 思索する
雕塑　diāosù（名）	sculpture 조각 彫塑、彫刻と塑造
忍不住　rěnbuzhù	can't help doing 참을 수 없다 こらえられない、たまらない
斑纹　bānwén（名）	stripe; streak 얼룩무늬 入り乱れたしま模様
胳膊　gēbo（名）	arm 팔 腕

沉思　chénsī（动）

ponder
심사숙고
沈思する、考えこむ

秘密　mìmì（名）

secret
비밀
秘密

副　fù（量）

(measure word) for facial expressions
얼굴 표정에 쓰임. [수사는 ' 一(yí) ' 만 씀]
顔の表情

神秘　shénmì（形）

mysterious
신비롭다
神秘

犹豫　yóuyù（动）

hesitate
주저하다
ためらう、躊躇する

脑袋　nǎodai（名）

head
[명사] 머리(통). 골(통)
頭

如何　rúhé（代）

how; how about
어떻게
どうですか、どのように、いかに、どうして

呼吸　hūxī（动）

breathe
호흡하다
呼吸

验证　yànzhèng（动）

test and verify
검증하다
検証する

惊动　jīngdòng（动）

disturb
놀라게 하다
騒がす、驚かす

悄悄　qiāoqiāo（副）	quietly 은밀하게，조용히，몰래 ひそひそと、こっそりと	
掀起　xiānqǐ（动）	lift; raise 들어올리다， 巻き起こる、巻き起こす、盛り上がる、盛り上げる	
眼神　yǎnshén（名）	expression in one's eyes 눈빛 目付き、眼差し	
打量　dǎliang（动）	look at sb. from top to bottom 살펴보다 （人の身なりや姿を）観察する、じろじろ見る	
歇　xiē（动）	rest 쉬다 休む、休息する	
傻　shǎ（形）	muddle-headed; stupid 바보 馬鹿な、愚かに	
责怪　zéguài（动）	blame; reproach 나무라다 とがめる	

复习与练习

1. 快速阅读下面的文章，列出时间、地点、人物和起因、经过、结果。

　　一次，拿破仑打猎的时候，看到一个落水的男孩一边高呼救命，一边拼命挣扎。这条河并不深，拿破仑不但没有跳水救人，反而端起猎枪，对准落水者，大声喊道："你要是不自己游上来，我就把你打死在水中。"那男孩见求救没用，只好更加拼命地向岸边游，终于游上了岸。

参考答案：
　　时间：打猎的时候
　　地点：河边
　　人物：拿破仑、男孩
　　起因：男孩落水
　　经过：男孩求救、拿破仑不救
　　结果：男孩自己游上岸

时间：＿＿＿＿＿＿＿＿＿

地点：＿＿＿＿＿＿＿＿＿

人物：＿＿＿＿＿＿＿＿＿

起因：＿＿＿＿＿＿＿＿＿

经过：＿＿＿＿＿＿＿＿＿

结果：＿＿＿＿＿＿＿＿＿

2. 列出下面文章的叙述顺序。

　　有一年夏天，曹操率领部队出征走错了路，天热得出奇，他们一直找不到水，士兵们渴得嗓子都快冒烟了，行军的速度也慢了下来，有几个体弱的士兵甚至晕倒在路边。曹操见状心里很是着急，他脑筋一动，办法来了，他一夹马肚子，快速赶到队伍前面，用马鞭指着前方对士兵们说："士兵们，我知道前面有一大片梅林，那里的梅子又大又好吃，我们赶快赶路，绕过这个山丘就到梅林了！"士兵们一听，便联想到梅子的酸味，顿时流出了口水，也不感到那么渴了。于是，队伍士气大振，步伐不由得加快了许多，又继续向前走了几十里路，终于找到了水源。这就是家喻户晓的"望梅止渴"的故事。

————————— →

————————— →

————————— →

————————— →

—————————

3. 缩写（把下面这篇 250 字的文章缩写成 150 字左右的短文）。

　　宋太宗是宋朝的第二位皇帝。相传有一天，宋太宗与两位功勋卓著的大臣一起喝酒，边喝边聊，非常尽兴，结果这两位大臣不知不觉都喝醉了，竟然在皇帝的面前比起功劳来。他们越比越来劲儿，最后干脆斗起嘴来，完全忘了在皇帝面前应有的君臣礼节。侍卫在旁边看着，觉得他们俩实在不像话，便奏请宋太宗，要将这两人抓起来送吏部治罪。宋太宗没有同意，只是草草撤了酒宴，派人分别把他俩送回了家。

　　第二天上午，他们俩都从沉醉中醒来，想起昨天的事，惶恐万分，连忙进宫请罪。宋太宗看着他们战战兢兢的样子，便轻描淡写地说："昨天我也喝醉了，什么都记不起来了。"

————————————————

————————————————

————————————————

————————————————

————————————————

————————————————

————————————————

————————————————

星 期 四

缩写的概念和要求（二）

在HSK六级写作中，要想在35分钟内缩写出一篇文章来，掌握缩写的方法和技巧是很重要的。也就是说，如果我们要把1000字的文章缩写成400字，需要掌握两方面的技巧，一是在删减原文内容的同时，保持文章主题和中心思想不变，二是概括叙述并保持文章结构清楚的同时，使内容主干齐全并与原文一致。下面，我们就来了解一些这样的技巧，并按照老师的步骤来缩写文章吧！

考点解析

缩写的技巧

1. 保留主干、去掉枝叶。

在缩写文章时，我们要删减次要的人物、次要的事件，以及对事件的说明、交代等内容，留下文章的主要内容。

2. 简化人物语言。

在叙述中，我们要把直接叙述变成间接叙述，尽可能简化人物语言。这样，既使情节连贯，又使语句简练。

3. 保持文章脉络清晰。

缩写文章时，要注意保持文章主要脉络的清晰和完整，特别是故事的六要素（时间、地点、人物、起因、经过、结果）要齐全，让人读了就对原文有了个大概的了解。

4. 内容和原文基本保持一致，这样不会产生歧义。

考题实战

◆ 例文

　　除了餐具碰撞发出的"叮叮咚咚"声，婚礼现场一片寂静……2015年4月12日，一场无声的婚礼在山东省青岛市的一家酒店举行。不到30平米的场地、5桌酒席、40位客人，大伙儿打着手语，向新人送上祝福。

　　这场婚礼的新郎是53岁的土耳其大叔许斯尼（本名Husnu Yoruk），而新娘则是58岁的青岛大妈李玉新，他们都是生活在无声世界里的聋哑人。

　　几年前，在朋友的介绍下，土耳其人许斯尼和青岛人李玉新谈起了一场相隔万里的跨国网恋。2010年，两人在北京见面了。许斯尼对李玉新一见钟情，年过五旬的他不顾家人的反对，只身一人来到青岛，追寻自己的幸福。

　　许斯尼曾是一位飞机机械师，在伊斯坦布尔的机场工作，曾经有过一段婚姻，但并不幸福，而他的经历和远在中国青岛的李玉新格外相似。"从网上聊天就可以看出，她心地善良，第一眼看到她，我就决定跟她走。"

　　为了准备这场婚宴，夫妻俩忙了半个月。为了和李玉新在一起，许斯尼花了两年时间学习中国聋哑人的手语交流方式。与此同时，为了照顾许斯尼的饮食习惯，李玉新也学着做起了西餐，两个人互相弥补、互相学习。和李玉新在一起后，许斯尼每天都会给太太写一封情书，这些情书让李玉新倍感温暖。

　　2014年底，许斯尼和李玉新领了结婚证，没有轰轰烈烈的求婚过程，两个人就这么平平淡淡地走到了一起。

二人坐在主人的位置上，挥舞着手臂，示意大家举杯。现场仍是一片安静。

宴席上，李玉新的朋友用手语"朗读"自己写的祝贺词。

宾客们举杯庆祝，并用手语送上祝福。夫妻二人也举起了酒杯。婚宴结束后，大家纷纷和新人合影留念。

朋友们陆续离场，许斯尼站在角落里，虽然略显疲惫，但仍然掩盖不住他的喜悦。

婚后，李玉新和许斯尼经常出去散步、爬山、逛公园，两人每天都在一起。这对"老新人"十分恩爱，无论去哪儿都是手牵手。

生活在青岛，处处都让许斯尼感到新奇。包饺子、煮面条、饭后散步、去菜市场买菜，在李玉新的帮助下，他正在慢慢适应一切。

家里常常有人来做客，夫妻俩会热情地招待。客人们大多会问起他们的恋爱经历，说起这些，他们会手舞足蹈，满脸兴奋地描述一番。

如今，两人的爱情已经在中国落地生根，许斯尼的家人也渐渐接受了李玉新。他的家人表示，如果三年之后两人还是如此相爱，他们希望李阿姨能够去土耳其定居。

说起未来的异国生活，李玉新并不担心。她说，只要两个人在一起，就一切都好。

应试技巧

（请你按照下面的方法，用 10 分钟掌握文章的"要点"。）

1. 泛读：先跳跃生词障碍，快速读懂文章，明确主题。（3 分钟）

2. 精读：列出六要素（时间、地点、人物、起因、经过、结果）。（4 分钟）

时间：＿＿＿＿＿＿＿＿＿＿＿＿

地点：＿＿＿＿＿＿＿＿＿＿＿＿

人物：＿＿＿＿＿＿＿＿＿＿＿＿

起因：＿＿＿＿＿＿＿＿＿＿＿＿

经过：＿＿＿＿＿＿＿＿＿＿＿＿

结果：＿＿＿＿＿＿＿＿＿＿＿＿

参考答案：

　　时间：2015 年 4 月 12 日、几年前、2010 年，2014 年底

　　地点：山东省青岛市的一家酒店、青岛、土耳其

　　人物：新郎许斯尼、新娘李玉新、朋友、家人、宾客们

　　起因：一场无声的婚礼在山东省青岛市的一家酒店举行

　　经过：在朋友的介绍下，许斯尼和李玉新谈起了跨国网恋

　　结果：两人的爱情已经在中国落地生根

3. 梳理出文章的脉络，删除与主题无关的句子，边写边背。（3 分钟）

＿＿＿＿＿＿＿＿＿＿→

＿＿＿＿＿＿＿＿＿＿→

＿＿＿＿＿＿＿＿＿＿→

＿＿＿＿＿＿＿＿＿＿→

＿＿＿＿＿＿＿＿＿＿→

＿＿＿＿＿＿＿＿＿＿→

＿＿＿＿＿＿＿＿＿＿→

＿＿＿＿＿＿＿＿＿＿

参考答案：

　　一场无声的婚礼在山东省青岛市的一家酒店举行→几年前，在朋友的介绍下，许斯尼和李玉新谈起了跨国网恋→2010 年两人在北京见面了→2014 年底许斯尼和李玉新领了结婚证→如今两人的爱情已经在中国落地生根

◆ **参考例文**

　　　　　　无声的婚礼　　　　　　　　　　　　40

　　2015年4月58日，一场无声的婚礼在山东
省青岛市的一家酒店举行。客人们打着手语，　　80
向新人送上祝福。

　　这场婚礼的新郎是53岁的土耳其大叔许斯　　120
尼，而新娘则是58岁的青岛大妈李玉新，他们
都是聋哑人。　　　　　　　　　　　　　　　160

　　几年前，在朋友的介绍下，许斯尼和李玉
新谈起了跨国网恋。2010年，两人在北京见面　　200
面了。许斯尼对李玉新一见钟情，他不顾家人
的反对来到青岛。　　　　　　　　　　　　　240

　　许斯尼曾是一位飞机机械师，他以前的婚
姻并不幸福，李玉新的经历也一样。李玉新心　　280
地善良，许斯尼第一眼看到她就决定跟她在一
起。许斯尼花了两年时间学习中国聋哑人的手　　320
语交流方式，李玉新也学着做起了西餐，两个
人互相弥补、互相学习。2014年底，许斯尼和　　360
李玉新领了结婚证，两个人就这么平平淡淡地
走到了一起。　　　　　　　　　　　　　　　400

　　宴席上，宾客们举杯庆祝，并用手语送上
祝福，大家纷纷和新人合影留念。　　　　　　440

　　婚后，两人每天都在一起，十分恩爱。如

今，两人的爱情已经在中国落地生根，许斯尼 480
的家人也渐渐接受了李玉新。他们希望李阿姨
能够去土耳其定居。 520

　　说起未来的异国生活，李玉新并不担心。
她说，只要两个人在一起，就一切都好。

◆ **生词**（掌握上面的技巧是关键，千万不要先学生词啊！）

餐具　cānjù（名）	tableware 주방용기 食器	
无声　wúshēng（形）	be silent; be soundless 조용하다，소리없다 サイレント	
酒席　jiǔxí（名）	feast; banquet 술자리 宴席	
手语　shǒuyǔ（名）	sign language 수화 手話	
本名　běnmíng（名）	original name (as apposed to alias or official title) 본명 本名	
聋哑人　lóngyǎrén（名）	deaf-mute 농아，귀먹고 벙어리인 사람 聴覚障害者	
相隔　xiānggé（动）	be apart; be separated (usually by a distance or time) 격리되다，서로 떨어지다 （時間・距離）を隔てる	

跨国　kuàguó（形）	be multinational/transnational 국제적이다, 다국적의 多国籍
网恋　wǎngliàn（名）	have a cyber romance 사이버연애 ネット恋愛
一见钟情　yíjiàn-zhōngqíng（成）	fall in love at first sight 첫눈에 반하다, 첫눈에 반함 一目ぼれ
旬　xún（名）	ten-year period 열이 되는 시간, 십일 10年を1"旬"として年齢を示す単位
只身　zhīshēn（名）	alone; by oneself 홀몸, 단신 単身、一人で
追寻　zhuīxún（动）	pursue; search 찾다, 추구하다 尋ねる
机械师　jīxièshī（名）	machinist; mechanician 기술자. 기계기술자 機械技師
心地　xīndì（名）	heart; character 마음씨, 성격 気性、気立て
婚宴　hūnyàn（名）	wedding feast 결혼피로연 結婚披露宴
倍感　bèigǎn（动）	feel particular 심하게 느끼다 ますます・・・と感じる

轰轰烈烈　hōnghōng-lièliè（形）	on a grand and spectacular scale 기세 드높게 規模が雄大で勢いのすさまじいさま
平平淡淡　píngpíng-dàndàn（形）	common; nothing exciting 매우 평범하다, 매우 수수하다 ありきたりで変化に乏しい
挥舞　huīwǔ（动）	wave 흔들다 （手を）振る
举杯　jǔbēi（动）	raise one's glass (to propose a toast) 술잔을 들다 祝杯を挙げる
留念　liúniàn（动）	do as a memento 기념하다 記念
陆续　lùxù（副）	one after another; successively 지속하여 続々と
略　lüè（副）	sightly; a little 대략, 약간 わずかに
手舞足蹈　shǒuwǔ-zúdǎo（成）	be in raptures; leap for joy 손발이 춤추다 有頂天になるさま

复习与练习

1. 快速阅读下面的文章，列出时间、地点、人物和起因、经过、结果。

　　每天，当太阳升起来的时候，非洲大草原上的动物们就开始奔跑了。在一个场地上，狮子妈妈在教育自己的孩子："孩子，你必须跑得快一点，再快一点，你要是跑不过最慢的羚羊，你就会被饿死。"在另外一个场地上，羚羊妈妈也在教育自己的孩子："孩子，你必须跑得快一点，再快一点，如果你不能比跑得最快的狮子还要快，那你肯定会被它们吃掉。"听了妈妈的话，小狮子和小羚羊更加快速地奔跑起来。

参考答案：

时间：每天、太阳升起来的时候

地点：非洲大草原

人物：狮子妈妈和孩子、羚羊妈妈和孩子

起因：动物们开始奔跑

经过：狮子妈妈和羚羊妈妈教育自己的孩子

结果：小狮子和小羚羊快速奔跑

时间：_____

地点：_____

人物：_____

起因：_____

经过：_____

结果：_____

2. 列出下面文章的叙述顺序。

　　一位年轻的炮兵军官上任后，到下属部队视察情况，发现有几个部队操练时有一个共同的情况：在操练中，总有一个士兵自始至终站在大炮的炮筒下，纹丝不动。

　　经过询问，军官得到的答案是：操练条例就是这样规定的。原来，他们遵守的条例还是马拉大炮时代的规则。当时站在炮筒下的士兵的任务是拉住马的缰绳，防止大炮发射后因后坐力产生距离偏差，减少再次瞄准的时间。现在大炮不再需要这一角色了，但条例没有及时调整，出现了不拉马的士兵。这位军官的发现使他受到了国防部的表彰。

_____→
_____→
_____→
_____

3.缩写（把下面这篇300字的文章缩写成200字左右的短文）。

　　30年前，一个年轻人离开故乡，开始自己创业。他动身前，先去拜访了他们族的族长，请求指点。老族长正在练字，他听说族里有位后辈要踏上新的人生旅途了，就写了三个字:不要怕。然后，族长抬起头来，望着年轻人说:"孩子，人生的秘诀只有六个字，今天先告诉你三个，足够你用半生了。"30年后，这个年轻人已是人到中年，有了一些成就，也有了很多伤心事。一次，回到家乡，他又去拜访那位族长。他到了族长家里，才知道老人家几年前已经去世，家人取出一个密封好的信封对他说:"这是族长生前留给你的，他说有一天你会再来。"他这才想起来，30年前他在这里看到过人生的一半秘诀，于是他连忙拆开信封，发现上面又是三个大字:不要悔。

_____
_____
_____
_____
_____
_____
_____
_____

星 期 五

缩写的六要素

HSK 六级写作给出的材料是 1000 字的叙事性文章，所谓的叙事性文章就是记叙文中的以记事为主的文章。记叙文就要求我们无论是在阅读文章时，还是在进行复述和缩写时，都需要明确六要素。前面我们在应试训练中，每缩写一篇文章之前，都会要求大家把文章的六要素列出来，所以我们对什么是六要素，已经有了一个大概的了解了。但是在缩写中六要素具体怎么应用？怎么自然地把它安排到文章的结构中？怎样通过六要素的巧妙安排使文章更加清晰完整？今天，我们就来更深入地了解一下这个记叙文的灵魂——六要素。

考点解析

缩写的六要素

什么是缩写的六要素？

六要素：指时间、地点、人物、起因、经过、结果，缩写时不仅要包括这六个部分，并且要把它们很明确、很清楚地表达出来。

（1）时间：就是文章中的事情发生在什么时候。一篇文章可能只有一个时间，也可能有几个时间。

（2）地点：就是事情发生在什么地方。一篇文章可能只有一个地点，也可能有几个地点。

（3）人物：事件里有哪些人和物。因为人物是主要的部分，所以要写得详细、具体一些。

（4）起因、经过、结果：就是事情是如何发生的，发生的经过如何，结果如何。这是缩写文章中很重要的六个部分，也是主要内容。

一篇好的缩写文章，起因和结果要紧密配合，经过要写得完整，并且能把起因和结果连贯起来。

考题实战

◆ 例文

　　有一个国王，他有一个特别的"爱好"，就是特别喜欢听别人的奉承，讨厌听到别人的劝告和反面的意见。在他的身边围满了只会奉承、不会治理国家的小人。在这些人的破坏下，国家很快就走向了灭亡。国家被敌人占领的那一天，那一群误国之臣也一个个离开了国王，没有一个人愿意带着国王逃跑。不过，总算有一个好心的车夫驾着马车带着国王逃了出来。

　　车夫驾着马车，带着国王逃到离王宫很远的荒郊野外停了下来。国王这时已经又渴又饿了，垂头丧气的。车夫赶紧拿来车上的食品袋，送上清酒、肉脯和干粮，让国王享用。国王感到很奇怪：车夫从哪里弄来的这些食物呢？于是他在吃饱喝足以后，便擦擦嘴问车夫："你是从哪里弄来这些东西的呢？"

　　车夫回答说："禀告国王，这些东西是我很早以前就准备好的。"

　　国王又问："你为什么会事先做好这些准备呢？"

　　车夫回答说："我是专替国王您准备的，这样在逃亡的路上，您就不会饿肚子了。"

　　国王听到这里，感到很不高兴，又问："你怎么知道我会有逃亡的这一天呢？"

　　车夫回答说："我估计迟早会有这一天。"

　　国王生气了，不满地说："既然这样，为什么过去不早点告诉我？"

　　车夫说："国王您只喜欢听奉承的话。如果给您提意见的话，哪怕再有道理，您也不爱听。我只是一个小小的车夫，要是我给您提意见，您一定更听不进去，说不定还会把我处死。要是那样，您今天就会连一个跟随您、照顾您的人也没有了，更不用说来给您吃的、喝的了。"

国王听到这里，感到非常的气愤，他涨红着脸，指着车夫大声吼叫。

车夫看到这样的情景，才知道这个昏君死到临头还不愿意悔改，觉得他已经是无可救药了。于是连忙谢罪说："国王息怒，是我说错了。"

两人都不说话，马车又走了一段路以后，国王开口问道："你说，我的国家为什么会灭亡呢？"

车夫这次只好改口说："这是因为国王您太仁慈贤明了。"

国王很感兴趣地接着问："为什么仁慈贤明的国王不能在家享受快乐，过安定的日子，却要逃亡在外呢？"

车夫说："这是因为除了国王您是个贤明的人外，其他国家的国王都不是好人，他们嫉妒您，才使您逃亡在外的。"

国王听了这些奉承的话，心里舒服极了。他一边坐靠在车前的横木上，一边美滋滋地自言自语说："唉，难道贤明的君主就该如此受苦吗？"他昏昏沉沉，十分疲倦地枕着车夫的腿睡着了。

这时，车夫总算是彻底看清了这个昏庸无能的国王，他觉得跟随这个人太不值得。于是车夫慢慢从国王头下抽出自己的腿，换一块石头给他枕上，然后离开国王，头也不回地走了。

第二天，这位亡国之君就被野兽吃掉了，死在了荒郊野外。

应试技巧

（请你按照下面的方法，用10分钟掌握文章的"要点"。）

1. 泛读：先跳过生词障碍，快速读懂文章，明确主题。（3分钟）

提示：

把许多同类的词语归纳到一起，比如"清酒、肉脯和干粮"就可以直接归纳为"食物"，这样更容易背诵和记忆。

2. 精读：列出六要素（时间、地点、人物、起因、经过、结果）。（4分钟）

时间：＿＿＿＿＿＿＿＿＿

地点：＿＿＿＿＿＿＿＿＿

人物：＿＿＿＿＿＿＿＿＿

起因：＿＿＿＿＿＿＿＿＿

经过：＿＿＿＿＿＿＿＿＿

结果：＿＿＿＿＿＿＿＿＿

参考答案：

时间：被占领的那天、又走了一段路以后、第二天
地点：王宫、荒郊野外
人物：国王、车夫
起因：国王喜欢听奉承话
经过：国家灭亡，车夫带国王逃走
结果：国王死在了荒郊野外

3. 梳理出文章的脉络，删除与主题无关的句子，边写边背。（3分钟）

＿＿＿＿＿＿＿→
＿＿＿＿＿＿＿→
＿＿＿＿＿＿＿→
＿＿＿＿＿＿＿→
＿＿＿＿＿＿＿→
＿＿＿＿＿＿＿→
＿＿＿＿＿＿＿

参考答案：

国王喜欢听奉承话→国家灭亡→车夫带国王逃到野外→国王与车夫第一次对话→国王与车夫第二次对话→车夫离开国王→国王死在荒郊野外

◆ **参考例文**

国王的爱好

　　有一个国王，他很喜欢听别人奉承自己，而不喜欢听反对的意见，他的身边都是只会奉承他的小人。由于这个原因，他的国家很快就灭亡了。

　　被占领的那天，当初奉承他的人都离他而去，只有一个车夫带着他逃了出来。他们逃亡到离王宫很远的荒郊野外，国王又饿又渴，于是车夫就拿来食物给国王吃。国王感到很奇怪，就问车夫哪儿来的食物。车夫告诉国王他早就知道会有这一天，所以提前为国王准备好了。国王感到很不高兴，责怪车夫早知道有这样的一天却不告诉他。车夫向国王解释说，那是因为国王只喜欢听奉承的话，而不喜欢听反对的意见，如果他告诉国王，国王可能会杀了他。国王听完后感到更加气愤，对车夫大声吼叫。车夫连忙向国王赔罪，之后就不再说话了。

　　马车又走了一段路以后，国王问车夫国家为什么会灭亡。车夫只好说因为国王太仁慈贤明。国王又问为什么仁慈贤明的国王不能享受安乐，而要逃亡呢。车夫说这是因为别的国王嫉妒他。国王听完这些话感到很舒服，就躺在

车夫腿上睡着了。 480

　车夫彻底了解到了国王的昏庸无能，在国王熟睡时便离开了。第二天，国王就被野兽吃掉了，死在了荒郊野外。 520

560

◆ **生词**（掌握上面的技巧是关键，千万不要先学生词啊！）

治理　zhìlǐ（动）
administer; govern
다스리다
統治する、管理する、治める

破坏　pòhuài（动）
destroy; disrupt
파괴하다
壊す、破壊する

灭亡　mièwáng（动）
be destroyed; become extinct
멸망하다
滅びる、滅亡する

占领　zhànlǐng（动）
capture; seize
점령하다
占領する

事先　shìxiān（名）
in advance; beforehand
사전에
事前

说不定　shuōbudìng
perhaps; maybe
아마 …일것이다
ひょっとしたら…かも知れない

跟随　gēnsuí（动）

follow; come after
동행하다
あとについて行く、人のあとにつき従う

涨　zhàng（动）

(of the head) be swelled by a rush of blood
상기되다
充血する、（顔が）真っ赤になる

情景　qíngjǐng（名）

scene; sight
정경
情景

仁慈　réncí（形）

benevolent; kind
인자하다
仁慈

享受　xiǎngshòu（动）

enjoy
누리다
享受する

嫉妒　jídù（动）

be jealous of; envy
질투하다
嫉妬する、ねたむ

疲倦　píjuàn（形）

tired
기진맥진하다
疲れる

彻底　chèdǐ（形）

thorough; thoroughgoing
철저히
徹底的に

复习与练习

1. 快速阅读下面的文章，列出时间、地点、人物和起因、经过、结果。

　　一天，一个人在高山峰顶的鹰巢里，抓到了一只幼鹰。他把幼鹰带回家，养在鸡笼里。这只幼鹰和鸡一起啄食、嬉闹和休息，以为自己也是一只鸡。

　　后来，这只鹰渐渐长大了，羽翼也变得丰满了，主人想把它训练成猎鹰。可是由于它每天和鸡在一起生活，已经变得和鸡完全一样，根本没有飞的愿望了。主人试了各种办法，都毫无效果，最后只好把它带到山顶上，一把将它扔了出去。这只鹰像块石头似的，直掉下去，慌乱之中它拼命地扑打翅膀，就这样，它终于飞了起来！

时间：＿＿＿＿＿＿＿＿＿＿＿＿

地点：＿＿＿＿＿＿＿＿＿＿＿＿

人物：＿＿＿＿＿＿＿＿＿＿＿＿

起因：＿＿＿＿＿＿＿＿＿＿＿＿

经过：＿＿＿＿＿＿＿＿＿＿＿＿

结果：＿＿＿＿＿＿＿＿＿＿＿＿

参考答案：

时间：一天、鹰长大以后

地点：鹰巢、鸡笼、山顶

人物：人、鹰、鸡

起因：一个人抓到幼鹰

经过：养鹰、训鹰、扔鹰

结果：鹰飞起来

2. 列出下面文章的叙述顺序。

　　古时候，有一个官员叫李离，他在审理一件案子时，由于听从了下属的建议，使一个人冤死了。在真相大白后，李离准备以死赎罪。皇帝劝他说："官职有大小高低，处罚也有轻重缓急，况且这件案子主要错在下面的办事人员，又不是你的错误，所以你不必死。"李离说："我平常没有跟下面的人说我们一起来当这个官，我得到的薪水也没有与下面的人一起分享。现在我犯了错误，却要将责任推到下面的办事人员身上，我怎么能做这种事？"他拒绝听从皇帝的劝说，拔剑自杀了。

参考答案：

　　李离审案→犯人冤死→李离要赎罪→皇帝劝说→李离自杀

_____ →

_____ →

_____ →

_____ →

_____

3. 缩写（把下面这篇450字的文章缩写成300字左右的短文）。

　　古时候有一个人，他的鞋子坏了，于是准备到市场上去买一双新的。

　　这个人去市场之前，在家先用一根小绳量好了自己脚的尺寸，随手将小绳放在座位上，起身就出门了。

　　他走了一二十里地才来到市场。市场上热闹极了，各种各样的小商品摆满了柜台。

　　这个人径直走到鞋店前，看到里面有各式各样的鞋子。他走进去让老板拿了几双鞋，左挑右选，最后选中了一双自己觉得满意的鞋子。他正准备掏出小绳，用事先量好的尺码来比一比新鞋的大小，忽然想起小绳被搁在家里忘记带来。于是他放下鞋子赶紧回家去。

　　他急急忙忙地返回家中，拿了小绳又急急忙忙赶往市场。尽管他快跑慢跑，还是花了差不多两个小时。等他到了市场，太阳都快下山了，市场上的小贩也都收摊了，大多数店铺已经关门。他来到鞋店，鞋店也关门了。他的鞋没买成，低头瞧瞧自己脚上的鞋，原先那个洞现在变得更大了。他感到十分沮丧。

　　有几个人围过来，知道情况后问他："你买鞋时，为什么不用你的脚去穿一下，试试鞋的大小呢？"他回答说："那可不成，量的尺码才可靠，我的脚是不可靠的。我宁可相信尺码，也不相信自己的脚。"

_____

_____

_____

_____

_____

_____

_____

_____

_____

_____

_____

_____

_____

_____

参考答案：

古时候有一个人，他的鞋坏了，准备去市场买新鞋。

这个人在家先用绳子量好了脚的尺寸，然后出了门。他走了很远的路才到了市场。到了市场以后，他直接走到卖鞋的商店里。他让老板给自己拿了几双鞋，挑来挑去，最后终于选到了自己满意的鞋子。他正准备拿出绳子，用之前量好的长度来比一比鞋的大小。结果突然想起来绳子被自己落在了家里。于是，他放下鞋子赶紧回家了。

他急忙赶回家，拿了绳子赶回市场。可是等到了市场的时候，鞋店已经关门了。他看看自己破烂的旧鞋子，感到很沮丧。

有几个人围过来听他说完情况以后问他为什么不用自己的脚去穿一下，试试鞋的大小。他回答说他的脚不如量的尺码可靠，他宁愿相信尺码也不相信脚。

周末复习与训练

本周我们了解了文章的结构和基本的写作方法，已经基本达到 HSK 六级考试的要求了。我们在学习缩写的时候，讲过要删掉不必要的修辞和描写，这样才能更好地保留文章的主要内容。然而，文章里有哪些是修辞和描写，我们并不是十分确定的。另外，在学习过程中，我们会发现所给材料的语言常常很美很生动，而我们自己缩写后的短文有点枯燥乏味。如果你想要在去掉不必要的修辞和描写后，使文章仍然具有美感，那你就需要对描写和修辞有更加深入的了解。

知识点补充

（一）描写

常用的描写方法：

1. 肖像描写：就是对人物的面貌特征，包括人物的身材、容貌、服饰、打扮以及表情、仪态、风度、习惯性特点等进行描写。

肖像描写的目的是通过对人物外部特点的描写，来表现人物的性格和内心。

2. 动作描写：就是对人物的动作、行为进行描写。行为描写可以解释、表现人物的性格和心理。

3. 语言描写：就是对人物的语言和人物之间的对话进行描写。

注意：不同思想、不同经历、不同地位、不同性格的人所用的语言也是不同的。可以使读者从对话中了解到每个说话的人物的不同特点，才是成功的语言描写。

4. 心理描写：就是对人物的思想、内心情感进行描写。

5. 景物描写：是指对自然环境和社会环境中的风景、物体的描写。比如对周围的环境、自然风景等进行的描写。

（二）修辞

常见的修辞方法有：

1. 比喻：根据事物的相似点，用具体、简单、熟悉的事物来说明抽象、深奥、陌生的事物。

作用：能将表达的内容说得生动具体形象，给人以鲜明深刻的印象。

2. 拟人：把物当作人写，用描写人的词语来描写物，使物拥有人一样的言行或感情。

作用：使具体的事物有了活力，语言生动形象。

3. 夸张：对事物的性质、特征等故意夸大或缩小。

作用：突出事物本质，烘托气氛，加强渲染力，引起联想。

4. 排比：把三个或三个以上意思相关或相近、结构相同或相似、语气相同的词组或句子排列在一起。

作用：加强语气，增强语言气氛和效果，条理分明。

5. 对偶：字数相等、结构形式相同、意义对称的一对短语或句子，表达两个相对应或相近的意思。

作用：整齐匀称，节奏感强，高度概括，易于记忆，有音乐的美感。

6. 反复：为了强调某个意思，表达某种感情，有意重复某个词语或句子。

作用：强调某些内容，吸引人的注意力。

7. 设问：为了引起别人的注意，故意先提出问题，然后自己回答。

作用：提醒人们思考，突出某些内容。

8.反问：用疑问的形式表达确定的意思。

作用：加强语气，发人深思，激发读者感情，加深读者印象，增强文章的气势和说服力。

9.引用：引用俗话、名人名言或者现成的话来提高语言表达效果。

作用：使论据充分，增强文章说服力，使文章语言优美，富有启发性。

练习

(一) 请判断下列句子运用了哪种描写方法。

1. 一个30多岁的外国男人走了进来，他的身材很胖，有一头金色的卷发，肤色很白，有一张不太帅的脸，但是却有着一双深蓝色的发亮的眼睛。

参考答案：肖像描写

2. 吴老师指着小明严肃地说："你怎么把二年级小朋友打哭了？"

参考答案：语言描写、动作描写

3. 他稳稳地坐在车上，皱着眉头，两眼紧盯前方，双脚交替用力地向下蹬着。慢慢地，他越骑越用力，小小的自行车开始左右摇晃；慢慢地，他的身体离开车座，他站了起来……

参考答案：动作描写

4. 她已经陶醉在快乐之中了，什么也不想，只是兴奋地、疯狂地跳着舞。她用她的美丽战胜了一切，所有这些人都赞美、奉承她。她想她已经把女人心中认为最重要的幸福握在手中了。

参考答案：心理描写

5. 银白色的月光装饰了春天的夜空，也装饰了大地。夜空像无边无际的透明的大海，安静、广阔而又神秘。繁星，如同海水里漾起的浪花，闪烁着，跳动着。

参考答案：景物描写

（二）请判断下列句子运用了哪种修辞方法。

1. 那又浓又翠的景色，简直就是一幅青山绿水画。

参考答案：比喻

2. 山谷回音："他刚离去，他刚离去。"

参考答案：反复

3. 桃树、杏树、梨树，你不让我，我不让你，都开满了花。

参考答案：拟人

4. 只能看到手掌大的一块天空。

参考答案：夸张

5. 冬天走了，春天来了。

参考答案：对偶

6. 数学真的很难吗？我看不是。

参考答案：设问

7. 他们的品质是那样的纯洁和高尚，他们的意志是那样的坚韧和刚强，他们的气质是那样的淳朴和谦逊，他们的胸怀是那样的美丽和宽广。

参考答案：排比

8. "虚心使人进步，骄傲使人落后"，我们应该记住这一真理。

参考答案：引用

9. 他呢，他难道没有应该责备的地方吗？

参考答案：反问

范文欣赏

这一周我们学习了记叙文的结构。一般来说记叙文通常是以时间发展为记叙顺序的，但是也有另外的一种文章结构，就是以空间的转换为顺序的。这种文章结构不常出现，我们也可以以提高自己的写作水平为目的，来了解和欣赏一下。

（感受一下，空间转换的文章结构以及各种修辞和描写手法的运用带给文章的美感。）

游北海

3月28日下午，我来到了北海公园。

一进公园大门，首先映入眼帘的就是被碧绿的湖水环绕着的琼岛，岛上耸立着一座高大而秀美的白塔。

我怀着喜悦的心情，随着三五成群的游人快步朝白塔走去。穿过正觉殿，绕过普安殿；一棵棵树木被我甩在身后，一节节阶梯被我踏在脚下。我很快就到达了琼岛的顶峰——白塔。

站在修葺一新的白塔下，沐浴着初春温暖的阳光，迎着湿润宜人的春风，顿觉心旷神怡。放眼四望，只见公园内棵棵柳树都吐出了嫩芽，条条柳枝随着和暖的春风翩翩起舞；苍松翠柏

40

80

120

160

200

240

280

被忽紧忽慢的春风吹动着，时而哈哈大笑，时
而窃窃私语；粉色、白色的野桃花开满枝头，　　320
娇黄的迎春花开得正旺，洁白的玉兰含苞欲放。
一阵阵花香沁人心脾，一树树鲜花为初春的北　　360
海增添了不少诗情画意。极目远眺，金碧辉煌
的故宫建筑群、庄严雄伟的天安门广场、一座　　400
座高大崭新的楼房、一条条玉带般的公路都赫
然在目。　　　　　　　　　　　　　　　　　　440

　　看着眼前的一切，我心潮起伏，思绪万千：
北海原是辽、金、元、明、清历代封建皇帝的　　480
御花园。在黑暗的旧社会，劳动人民只有建园
的辛酸劳苦，而没有游玩的半点自由。那时，　　520
人们从北海公园经过时，只能看见北海白塔呆
呆地直立着，只能听见北海湖水低低地哭泣着。　560
今天，北海成为了人民的公园，我们的心情就
像那随风波动的北海湖水一样……　　　　　　600

　　下山后，我沿着湖边慢慢地走着，继续欣
赏着初春北海美丽迷人的景色。春风吹过湖面,　640
送来湿润、清新的空气；湖边一处处景致来到
我的面前。我大口大口地吸着新鲜空气，贪婪　680
地看着动人的景色：岸边的小草刚刚拱出了地
面，暗柳垂下的枝条不时地轻拂着我的面颊。　　720
在阳光的照耀下，湖水银波粼粼，几只小船在

湖面上随风荡漾。五龙亭、万佛楼、漪澜堂、 760
永安寺、琳光殿等古代建筑掩映在山林水波之
间，形态优美，各具特色。 800

顺着小径，我来到了九龙壁，九龙壁的两
面分别是九条雕龙组成的瑰丽图案。图案美观 840
大方，色彩十分和谐，就连图案旁边的花纹，
也都雕刻得古朴美观。九条雕龙色彩各异、姿 880
态不同，看上去惟妙惟肖、栩栩如生。九龙壁
细致精巧的雕刻，充分显示了古代劳动人民杰 920
出的智慧和才能。

当太阳快落山的时候，我恋恋不舍地告别 960
了初春的北海公园。初春的北海公园实在是太
美了，但是，更美的是给北海公园带来美丽景 1000
色的人。

1040

◆ [点评]

这是一篇以写景为主的记叙文。文章按照时空转换的顺序，先写一进公
园大门，望见了一座高大秀美的白塔，抑制不住喜悦的心情；然后转换到白塔
下，放眼四望，描写了远近的景物，以及由此产生的丰富联想；接着又转换到
下山后，沿着湖边欣赏初春北海美丽迷人的景色，之后描写了九龙壁；最后转
换到太阳落山，作者告别北海公园。作者按照时空顺序以及游览的行踪安排材
料，详略得当，各种修辞方法和描写方法有机结合，不仅词汇丰富，而且语言
形象生动，富于美感。

第 3 周 >>>>>

学习重点：缩写技巧强化训练

　　做任何事情都要讲究方法，HSK 六级写作也不例外。在前两周的学习中，我们已经基本掌握了缩写的知识和方法。这一周，我们除了要把已经掌握的知识和方法融会贯通以外，还要掌握一些使文章更加生动的技巧，提高文字表达能力。

星 期 一

叙述方式（一）

> 一件事情，不论简单还是复杂，总有一个发生、发展和变化的过程；人物也有一个变化发展的过程，并且人和事往往是不能分开的。把人物的经历或事物发展变化的过程按照一定的顺序表达出来，这就是叙述方式。我们在缩写时，必须既注意到整体的概括，又要照顾到细致、具体的介绍，只有两方面互相配合，才能把事情叙述完整。我们在写作时，首先要了解作者的叙述方式，然后再根据内容需要利用这种叙述方式把自己的话写出来，形成一篇文章。

考点解析

顺叙

1. 什么是叙述方式？

叙事性文章一般有四种叙述方式：顺叙、倒叙、插叙、补叙。

2. 什么是顺叙？

顺叙是按时间的先后顺序来叙述事情，这跟事情发生发展的实际情况相一致，所以这种方式容易把文章写得条理清楚、脉络分明。

顺叙是一种很常见的叙述方式，写起来也比较容易。这种叙述方式条理清楚、层次分明，情理易于贯通，符合人们认识事物的规律。它容易产生的偏差和毛病，就是平铺直叙、缺少起伏，或是形成罗列现象的流水账。为了避免这些毛病，我们在写作时就要注意有线索、有节奏。

考题实战

◆ 例文

他和朋友是在上中学的时候认识的，两人有着共同的爱好和理想，慢慢地就变得形影不离了。后来他们又考上同一所大学，读同一个专业，这份友谊就更加深厚了。毕业后他们一起来到这个陌生的小城市，受尽了苦，却都生活得不太理想。朋友似乎比他要稍好一些——虽然朋友只是一个小职员，可就职的毕竟是一家大公司，薪水并不低。

一天朋友找到了他，向他借钱。他以为也就两三百块钱。可当朋友说出"五千"这个数字时，他简直不敢相信自己的耳朵。他对朋友说："我只有五千块钱，虽然我可以全借给你但是，你得告诉我你要做什么。"朋友说："你别问行吗？"最终，他还是把钱借给了朋友。他想既然朋友不想说，肯定是有道理的。朋友郑重地写下一张借条，借条上写着：一年后还钱。

可是一年过去了，朋友却没能把这五千块钱还上。有一天，朋友又跟他借钱，仍然是五千块，仍然说一年以后还钱。他有些不高兴了，他再次问朋友借钱做什么，朋友仍然没有告诉他。他这次借给了朋友两千块钱，然后收好朋友写下的借条。

之后，朋友再也没来找过他。他就去找朋友，朋友的同事告诉他，朋友暂时辞了工作，回了老家。也许他还会回来，也许永远不会。他有些急了，他想就算他的朋友永远不想再回这个城市，难道就不能给自己写一封信吗？不写信给他，就是躲着他；躲着他，就是为了躲掉那七千块钱。他有些伤心，难道十几年建立起来的这份友谊，还不如这七千块钱？

于是，他揣着那两张借条，坐了一天的汽车，找到了朋友的老家。那天他只见到了朋友的父母。他没有对朋友的父母提钱的事，他只是向他们打听朋友的消息。

"他走了。"朋友的父亲说。

"走了？"他没有听明白。

"那天下雨，他从房顶上滑下来摔死了。"父亲哽咽地说。

"他为什么要冒雨爬上房顶？"他问。

"因为他要帮村里盖小学。是的，已经盖起来了。听他自己说，他借了别人很多钱。可是那些钱还是不够。所以，只好用旧房拆下来的碎瓦来盖。他走得急，没有留下遗言。我不知道他到底欠了谁的钱，你是不是来讨债的？"

听完朋友父亲的话，他的眼泪流下来了。他不敢相信他的朋友突然离去，更不敢相信他的朋友原来一直在默默地为村子里建一所小学。朋友分两次借走他七千块钱，原来只是想为自己的村子建一所小学；而之所以不肯告诉他，可能只是不想让他替自己着急。

"你是他什么人？"朋友的父亲问。

"我是他的朋友。"他说，"我这次，只是来看看他，没想到他走了。还有，我向他借过几千块钱，一直没有还给他。我回去就想办法把钱寄过来，您可以买些好的瓦片，把那个房子上的旧瓦片换了。"

在回去的汽车上，他掏出那两张借条，小心翼翼地揣好。他要把这两张借条一直保存下去，为他善良的朋友，也为他对朋友的误解。

应试技巧

（请你按照下面的方法，用10分钟掌握文章的"要点"。）

1. 泛读：先跳过生词障碍，快速读懂文章，明确主题。（3分钟）

2. 精读：列出六要素（时间、地点、人物、起因、经过、结果）。（4分钟）

   时间：_____

   地点：_____

   人物：_____

   起因：_____

   经过：_____

   结果：_____

3. 梳理出文章的脉络，删除与主题无关的句子，边写边背。（3分钟）

   _____ →

   _____ →

   _____ →

   _____ →

   _____ →

   _____

提示：

在顺叙的文章中，常常会出现多个时间、多个地点，因此要注意时间和地点的转换，要把它们记下来。

参考答案：（时间和地点比较多的时候，可以把不太重要的去掉，或者略写。）

时间：上中学的时候、毕业后、一天、一年后的一天、从那以后、回去的路上

地点：朋友的老家

人物：他、朋友、朋友的父亲

起因：朋友借钱

经过：朋友没有还钱，他寻找朋友

结果：朋友去世，他保存借条

参考答案：

他和朋友相识并成为朋友→朋友第一次借钱→朋友第二次借钱→他去找朋友→得知朋友去世→保留借条

◆ **参考例文**

两 张 借 条

40

他和朋友很早就认识，并且逐渐成了形影不离的好朋友。他们一起读大学，毕业后在一个城市工作。他们的工作都很辛苦，而且生活并不富裕。

一天，他的朋友向他借五千块钱。他吓了一跳，问朋友原因，朋友没有说，但是他还是把钱借给了朋友。朋友写了一张借条给他，上面写着一年后还钱。可是一年后，朋友并没有还钱，而且又来找他借五千块钱。他有点不高兴，问朋友原因，朋友仍然不说。最后他借给朋友两千块钱，收好了朋友的借条。

从那以后，他就再也没见过朋友。他去找朋友，却听说朋友辞职回老家了。于是他去了朋友的老家。到了那里他才知道，朋友已经去世了。朋友的父亲告诉他，朋友借钱是为了给村里盖小学，他是在冒雨换瓦片的时候，从房顶上掉下来摔死的。朋友的父亲问他是什么人，是不是来讨债的。他流下了眼泪，对朋友的父亲说，他们是朋友，他欠了朋友几千块钱，他回去会把钱寄过来，帮助朋友完成没有完成的愿望。

回去的路上，他把借条掏出来小心地保存 480

好，为他的朋友，也为他对朋友的误解。

520

◆ **生词**（掌握上面的技巧是关键，千万不要先学生词啊！）

陌生 mòshēng（形）
unfamiliar
생소하다
よく知らない、不案内である

似乎 sìhū（副）
seemingly; as if
마치
…らしい、…のようである

毕竟 bìjìng（副）
after all; all in all
어쨌든
結局

薪水 xīnshuǐ（名）
salary; wages
봉급
給料

简直 jiǎnzhí（副）
simply; at all
정말로
ぜんぜん、まったく

道理 dàolǐ（名）
reason
이치, 일리
わけ、理由

郑重 zhèngzhòng（形）
serious; solemn
정중하게
厳粛である、まじめである

建立　jiànlì（动）

form; establish

맺다

（関係を）形成する、確立する

不如　bùrú（动）

not be equal to; be inferior to

…만 못하다

…に及ばない

拆　chāi（动）

pull down; dismantle

허물다

取り壊す

欠　qiàn（动）

owe

빚지다

借りがある、未返済のものがある

默默　mòmò（副）

unknown to the public

묵묵히

々として、黙って

善良　shànliáng（形）

good and honest; kind-hearted

착하다

善良

误解　wùjiě（名）

misunderstanding

오해

誤解する

复习与练习

1.快速阅读下面的文章，列出时间、地点、人物和起因、经过、结果。

有一天晚上，财主和他的仆人在树林里走着，突然迎面来了一只熊。财主刚喊了两声，就被钳子似的熊掌抓住了。熊紧紧地抓住他，翻过来转过去，把他压倒在地上，一心想挑个好地方咬下去。财主眼看性命就快没了，于是大声地向他的仆人求救。

年轻有力的仆人不顾生命危险，运足全身力气，拿起斧子，朝熊的脑袋劈下去；接着又用钢叉刺穿了熊的肚子。熊惨叫一声，滚倒在地，死了。

危机过去了，财主却把他的救命恩人骂得昏天黑地。可怜的仆人呆呆地站在那儿："天哪！这是为什么啊？""蠢材，你还问呢？"财主呵斥道，"你怎么把熊皮都毁了呢？真是胡来！"

时间：＿＿＿＿＿＿＿＿＿＿＿＿＿＿＿＿

地点：＿＿＿＿＿＿＿＿＿＿＿＿＿＿＿＿

人物：＿＿＿＿＿＿＿＿＿＿＿＿＿＿＿＿

起因：＿＿＿＿＿＿＿＿＿＿＿＿＿＿＿＿

经过：＿＿＿＿＿＿＿＿＿＿＿＿＿＿＿＿

结果：＿＿＿＿＿＿＿＿＿＿＿＿＿＿＿＿

参考答案：

时间：一天晚上

地点：树林里

人物：财主、仆人

起因：财主被熊逮住

经过：仆人杀了熊，救了财主

结果：仆人挨骂

请沿虚线折一下

2. 列出下面文章的叙述顺序。

　　在森林里，老虎看见了一头驴，它以为这个身材高大的家伙一定很凶猛、很可怕。因此，老虎就每天躲在树林里偷偷观察这头驴。后来，老虎又悄悄走出来，小心翼翼地接近驴，想知道这头驴的底细。

　　有一天，驴突然大叫了一声，老虎吓了一跳，以为驴要咬自己，感到非常恐惧，急忙远远地跑开了。然而，老虎经过反复观察以后，觉得驴并没有什么特殊的本领，而且老虎也越来越熟悉驴的叫声了。

　　老虎开始走到驴的前后，转来转去，但不敢上去攻击驴。后来，老虎慢慢逼近驴，越来越放肆，或者碰它一下，或者靠它一下，不断冒犯它。驴非常恼怒，就用蹄子去踢老虎。

　　老虎心里盘算着："你的本事也不过如此！"于是老虎非常高兴，大吼一声，腾空扑去，咬断了驴的喉管，啃完了驴的肉，这才离去。

参考答案：
　　老虎看见驴→观察驴→靠近驴→冒犯驴→吃掉驴

————————————————→
————————————————→
————————————————→
————————————————→
————————————————

3. 缩写（把下面这篇500字的文章缩写成300字左右的短文）。

　　一个晴朗的早晨，曾子的妻子梳洗完毕，换上一身干净整洁的蓝布新衣，准备去集市上买一些东西。她出了家门没走多远，儿子就哭喊着追了上来，吵着闹着要跟她去。孩子太小，集市离家又远，带着他很不方便。因此，曾子的妻子对儿子说："你回去在家等着，我买了东西一会儿就回来。你不是爱吃红烧肉吗？我回来以后就给你做。"这话倒也灵验，她儿子一听，立即安静下来，乖乖地回家去了。

曾子的妻子从集市上回来，还没跨进家门就听见院子里曾子忙碌的声音。她进门一看，原来是曾子正准备给儿子做好吃的东西。她急忙上前拦住丈夫，说道："家里的东西，都是逢年过节时才吃的。你怎么把我哄孩子的话当真呢？"曾子说："在小孩儿面前是不能撒谎的。他们年幼无知，经常从父母那里学习知识，听取教诲。如果我们现在说一些欺骗他的话，等于是教他今后去欺骗别人。虽然做母亲的一时能哄得过孩子，但是过后孩子知道受了骗，就不会再相信妈妈的话了。这样一来，你就很难再教育好自己的孩子了。"

曾子的妻子觉得丈夫的话很有道理，于是心悦诚服地帮助曾子做饭。没过多久，曾子的妻子就为儿子做好了一顿丰盛的晚餐。

参考答案：

一天早晨，曾子的妻子准备去集市上买东西。刚走出家门，儿子就哭着追来要跟着去。妻子告诉儿子要是他在家里等着，她回来就给他做好吃的菜。于是，儿子就乖乖地留在家里了。

曾子的妻子回来时，看到曾子正在院子里忙碌。她急忙拦住丈夫说家里的东西都是过节时才吃的，她说要做菜只是为了哄儿子，不能当真。曾子认为，大人不该在小孩子面前撒谎，小孩子小的时候都是从父母那里学习知识，学习做人，父母现在欺骗他，就等于教会他将来怎么骗人。况且他今天受了骗，以后就不会再相信父母了，父母也很难再教育好孩子了。

曾子的妻子觉得曾子说的很有道理，于是两个人一起给儿子做了顿丰盛的晚餐。

请沿虚线折一下

星 期 二

叙述方式（二）

　　我们经常会看到一种文章，把事件的结果放到文章的开头，然后再一步一步揭示形成这个结果的原因和经过。这种方式事实上是顺叙方式的一种变通，称为"倒叙"。把人物或事情的最后结局在开头写出来，然后再把人物和事情的变化过程一层一层展开。这种写法把握得好，效果也会好；把握不好，就会造成虎头蛇尾或前后不一致的情况，效果也不会好。那么，今天我们就来学习一下这种叙述方式，明确这种写作方式要注意的一些问题。

考点解析

倒叙

什么是倒叙？

　　倒叙就是将整个事情的结果，或者最重要、最突出的一部分，放到前面来写，然后再按照事件自然的发展顺序来写。

　　注意：倒叙并不是整篇文章由"尾"至"头"来写，而是把文章的局部放在开头。情节比较曲折、复杂的事情一般会使用这种叙述方法。

考题实战

◆ 例文

今年年底，小李又一次从新入职的公司辞职了，她很苦恼，跑来找我，要跟我一起吃饭。于是，我请小李去写字楼后面的商场吃日本料理。吃到中途，小李突然跟我说："王总，我有些明白你以前说的话是什么意思了。"

当时我的公司招了一大批应届本科毕业的新新人类。小李是我经过多次面试后招来的。我招小李的一个很重要的原因，除了小李在大学里的优秀表现之外，还因为小李写了一手漂亮的字，这让我对小李不由地增添了很多好感。小李学得很快，很多工作一教就会了，跟各位同事相处得也很融洽。我开始慢慢地给小李一些协调的工作，各部门之间以及各分公司之间的业务联系和沟通也让小李尝试着去处理。

半年以后，小李来找我，第一次提出辞职。我推掉了约会，跟小李谈辞职的问题。问起辞职的原因，小李直言：本科四年，功课优秀，没想到毕业后找到了工作，却每天处理的都是些琐碎的事情，没有成就感。我又问小李："你觉得在你现在所有的工作中，最没有意义的、最浪费你时间精力的工作是什么？"小李马上答我："帮您贴发票报销，然后到财务去走流程，最后把现金拿回来给您。"

我笑着问小李："你帮我贴发票报销有半年了吧？通过这件事，你总结出了一些什么信息？"

小李呆了半天，回答我："贴发票就是贴发票，只要财务上不出错，不就行了呗，能有什么信息？"

于是，我跟小李讲了我当年的一件事。1998年，公司把我从财务部调到了总经理办公室，担任总经理助理。我有一项工作，就是帮总经理报销他所有的票据。本来这个工作就是把票据贴好，然后完成财务上的流程就可以了。然而，票据其实是一种数据记录，它记录了和总经理乃至整个公司运营有关的费用情况。看起来没有意义的一堆数据，其实涉及公司各方面的经营和运作。于是我建立了一个表格，将总经理让我报销的所有数据按照时间、数额、消费场所、联系人、电话等记录下来。通过这样一份数据统计，我渐渐地发现了上级在商务活动中的一些规律。比如，哪一类的商务活动经常在什么样的场合下举行，费用预算大概是多少，总经理对公共事件的常规和非常规的处理方式等。后来，我的上级发现，他布置工作给我的时候，我都会处理得很好，有一些信息是他根本没有告诉我的，我也能及时准确地处理。他问我为什么，我就告诉了他我的工作方法和信息来源。渐渐地，他把越来越多重要的工作交给我。在我升职的时候，他说我是他用过的最好的助理。

说完这些长篇大论，我看着小李，小李也愣愣地看着我。我跟小李直言："我觉得你最大的问题，是没有用心。在看似简单不动脑子就能完成的工作里，你没有把你的心沉下去。所以半年了，你觉得自己没有进步。"小李没有出声，但收回了辞职报告。

坚持了三个月，小李还是辞职了。那次我没有挽留，让小李走了。

应试技巧

（请你按照下面的方法，用10分钟掌握文章的"要点"。）

1. 泛读：先跳过生词障碍，快速读懂文章，明确主题。（3分钟）

2. 精读：列出六要素（时间、地点、人物、起因、经过、结果）。（4分钟）

时间：_____
地点：_____
人物：_____
起因：_____
经过：_____
结果：_____

参考答案：

时间：今年年底、当时、半年以后、三个月以后
地点：公司、饭店
人物：小李、王总（我）
起因：小李来找王总吃饭
经过：王总回忆之前小李在公司工作的过程
结果：小李又辞职了

3. 梳理出文章的脉络，删除与主题无关的句子，边写边背。（3分钟）

_____ →
_____ →
_____ →
_____ →
_____

参考答案：

小李来找王总吃饭→王总回忆小李刚来时候的表现→半年后小李来辞职→王总讲自己的经历→小李还是辞职离开了

◆ **参考例文**

辞职

40

　　今年年底，小李又辞职了。小李现在终于

明白王总当初说的话是什么意思了。 80

　　小李是王总招来的。进入公司后，小李很

快就融入到了工作当中。王总也慢慢地交给小 120

李一些协调和沟通的工作。

　　半年以后，小李却提出了辞职，因为她认 160

为自己每天的工作很没有成就感。王总问她最

没有成就感的是哪一项工作，小李说是贴发票 200

报销。王总笑着问小李，通过这项工作有没有

总结出什么。小李回答没有。 240

　　于是，王总跟小李讲了自己的亲身经历。

王总从前也是总经理助理，那时他的一项工作， 280

也是帮总经理报销票据。王总认为这些数据其

实关系到公司各个方面的工作，因此他将所有 320

数据记录下来，并通过数据统计，发现了一些

规律。这样上级布置工作的时候，他每次都处 360

理得很好。渐渐地，总经理就把越来越多重要

的工作交代给他，王总很快就升了职。 400

　　王总说完后，看着小李，说她最大的问题

是没有用心。小李收回了辞职报告。然而小李 440

只坚持了三个月，还是辞职了。这次，王总也 480
没有留小李，让她走了。

520

◆ **生词**（掌握上面的技巧是关键，千万不要先学生词啊！）

辞职　cízhí（动）
resign (office/one's job/post); quit/leave office
사직하다
辞職

本科　běnkē（名）
regular college course
학부
（大学の）本科

相处　xiāngchǔ（动）
get along (with)
지내다
付き合う

融洽　róngqià（形）
harmonious
사이좋다
打ち解ける、融和する

协调　xiétiáo（动）
coordinate
조화롭게 하다
調和する、つり合いがと

以及　yǐjí（连）
as well as
및
および、並びに

业务　yèwù（名）
business
업무
仕事、業務

沟通　gōutōng（动）
link up; bridge
소통하다
交流する、疎通する

处理　chǔlǐ（动）
handle; deal/cope with
처리하다
処理する、解決する

功课　gōngkè（名）
lessons
숙제, 수업
授業、課業、成績

意义　yìyì（名）
meaning; sense
의의
意義

精力　jīnglì（名）
energy
정신과 체력
精力

发票　fāpiào（名）
invoice; receipt
영수증
領収書、レシート

报销　bàoxiāo（动）
apply for reimbursement
청구하다
（前払金や立替金などを）清算する

财务　cáiwù（名）
financial affairs/matters
재무
財務

现金　xiànjīn（名）
cash
현금
現金

信息　xìnxī（名）
information
정보
情報

担任　dānrèn（动）
take charge of
담당하다
担任する、担当する

助理　zhùlǐ（名）
assistant
비서
助手、助役

数据　shùjù（名）
data
데이터
データ

记录　jìlù（名）、（动）
① record; notes ② record; take notes
①기록　②기록하다
①記録　②記録する

整个　zhěnggè（形）
whole; entire
전부의，모든
全体、全部

费用　fèiyòng（名）
cost; expense
비용
費用

涉及　shèjí（动）
concern
관련되다
触れる、関連する、関係する、かかわる

经营　jīngyíng（动）
plan and manage
경영하다
営する、営む、運営する

数额 shù'é (名)	amount 액수 定额
消费 xiāofèi (动)	consume 소비하다 消費
统计 tǒngjì (名)	statistics 통계 統計
规律 guīlǜ (名)	regular pattern 규칙 法則
预算 yùsuàn (名)	budget 예산 予算
布置 bùzhì (动)	arrange 배치하다 手配する
来源 láiyuán (名)	source 출처 源、本源、出所
报告 bàogào (名)	report 보고서 報告

复习与练习

1. 快速阅读下面的文章，列出时间、地点、人物和起因、经过、结果。

　　从前有一个人，从魏国到楚国去。他带了很多盘缠，雇了最大最好的车，请了驾车技术最好的车夫，驾上骏马上路了。楚国在魏国的南面，可这个人不管这些，只是让车夫赶着马车一直向北走。

　　在路上，有一个路人问他的车是要往哪里去，他大声回答说："我要去楚国！"路人好心地告诉他说："到楚国去应该往南走，你现在这是在往北走，方向不对。"那人却满不在乎地说："没关系，我的马非常好，跑得快着呢！"路人替他着急，于是拉住他的马，阻止他说："你的方向错了，你的马就算再快，也到不了楚国呀！"那人依然固执地说："没关系，我带的路费多着呢！"路人仍然劝阻他说："虽说你的路费多，可是你走的不是那个方向，你路费再多也只能是白花呀！"那个一心只想着要到楚国去的人，有些不耐烦地说："这有什么难的，我的车夫赶车的本领高着呢！"路人对他无可奈何，只好松开了马，眼睁睁地看着那个盲目的人越走越远了。

时间：_____

地点：_____

人物：_____

起因：_____

经过：_____

结果：_____

参考答案：

时间：从前

地点：路上、魏国、楚国

人物：一个人、路人

起因：一个人要从魏国到楚国去

经过：在路上这个人和路人相遇，路人劝告他朝南走

结果：这个人还是固执地不听劝告，越走越远

请沿虚线折一下

2.列出下面文章的叙述顺序。

鹰王和鹰后从遥远的地方飞到了远离人类的森林里。他们打算在密林深处定居下来，于是就挑选了一棵既高大又枝繁叶茂的橡树，在最高的一根树枝上开始筑巢，准备在这儿生育后代。

鼹鼠看到后，好心向鹰王提出警告："这棵橡树可不是安全的住所，它的根几乎烂光了，随时都有倒掉的危险。你们最好不要在这儿筑巢。"

鹰王根本瞧不起鼹鼠，心想：真是怪事啦！老鹰还需要鼹鼠来提醒？你们这些躲在洞里的家伙，难道想怀疑老鹰锐利的眼睛吗？鼹鼠是什么东西，竟然胆敢跑出来干涉鹰王的事情？

于是鹰王毫不理睬鼹鼠善意的劝告，只顾动手筑巢，当天全家就搬了进去。不久，鹰后孵出了一窝可爱的小家伙。

一天早晨，太阳刚刚升起来，外出捕食的鹰王带着丰盛的早餐飞回来时，却被眼前的景象惊呆了：那棵橡树倒了，他的鹰后和子女都已经摔死了。

鹰王悲痛不已，放声大哭道："我是多么愚蠢啊！我竟然把最好的忠告当成了耳边风，所以，命运就给予我这样严厉的惩罚。我从来不曾料到，一只鼹鼠的警告竟会是这样准确，真是怪事啊！"

谦恭的鼹鼠答道："轻视从下面来的忠告是愚蠢的。你想想看，我就在地底下打洞，和树根十分接近，树根是好是坏，有谁会比我更清楚呢？"

参考答案：

鹰王和鹰后开始筑巢→鼹鼠警告鹰王→鹰王拒绝→橡树倒掉→鹰王后悔，觉得奇怪→鼹鼠说出警告的理由

_____ →

_____ →

_____ →

_____ →

_____ →

_____

请沿虚线折一下

3.缩写（把下面这篇700字的文章缩写成400字左右的短文）。

　　传说太古时候，天和地还没有分开，整个宇宙像个大鸡蛋，里面混沌一片，分不清上下左右，也辨不清东南西北。在这混沌之中孕育着一个伟大的英雄，他就是盘古。盘古足足沉睡了一万八千年才醒过来。他睁开眼睛，只觉得眼前漆黑一片，酷热难当，简直透不过气来。他想站起来，但"鸡蛋壳"紧紧地包着他的身体，连舒展一下手脚都办不到。急切间，他拔下自己的一颗牙齿，把它变成了威力巨大的神斧，盘古抡起神斧用力向周围一挥，只听得一声震耳欲聋的巨响，"鸡蛋"骤然破裂，变成两部分，一部分轻而清，一部分重而浊。轻而清的东西不断向上飘升，变成了天；重而浊的东西，渐渐下沉，变成了大地。盘古就这样头顶天、脚踏地地诞生于天地之间。

　　盘古高兴极了，但他担心天地重新合拢，就用头顶着天，脚踏着地，在天地间不断长大。他每天增高一丈，天就随之升高一丈，地也随之增厚一丈。这样又过了一万八千年，盘古已经成为一个顶天立地的巨人。又经历了好几万年，终于天稳地固。天地逐渐成形了，盘古这才放下心来，但这位开天辟地的英雄此时已是筋疲力尽，再也没有力气支撑自己了，他巨大的身躯轰然倒地。

　　盘古倒下后，他的身体发生了巨大的变化。他呼出的气变成了四季的风和流动的云，他发出的声音化作了隆隆的雷鸣，他的左眼变成了太阳，右眼变成了月亮，他的头发和胡须变成了闪烁的星辰，他的脑袋和手脚变成了高山和大地上的东、西、南、北四极，他的血液变成了奔流不息的江河湖海，他的肌肉化成了辽阔肥沃的土地，他的皮肤和汗毛化作花草树木，他的牙齿骨头化作金银铜铁、玉石宝藏，他的汗水变成了雨水和甘露。从此便有了世界。

参考答案：

传说太古时候，天地不分，整个宇宙像个大鸡蛋，分不清上下左右、东南西北。盘古在这个"鸡蛋"里沉睡了一万八千年才醒过来。他觉得眼前漆黑一片，想站起来也办不到。盘古就用自己的牙齿变出一把大斧，用力一挥，"鸡蛋"破裂了，其中轻而清的东西不断向上升，变成了天，另一些重而浊的东西下沉，变成了地。

盘古高兴极了，但他担心天地重新合拢，就用头顶着天，脚踏着地。他每天成长，天地也随着升高增厚。这样又过了一万八千年，盘古已经成为一个顶天立地的巨人。又经历了好几万年，天地终于成形，但盘古也累得倒下了。

盘古倒下以后，他呼出的气变成了风和云，声音化作了雷鸣，眼睛变成了太阳和月亮，头发和胡须变成了星辰，脑袋和手脚变成了高山和大地的四极，血液变成了江河湖海，肌肉化成了土地，皮肤和汗毛化作花草树木，牙齿骨头化作金银铜铁、玉石宝藏，汗水变成了雨水和甘露。从此就有了世界。

请沿虚线折一下

星 期 三

叙述方式（三）

我们已经学习了顺叙、倒叙两种叙述方式，今天我们来了解一下另外两种叙述方式。在阅读文章时，我们有时发现文章在叙述的过程中会插入某些情况的介绍，交代某些关系，或对某些矛盾进行侧面的说明；另外，有的文章在叙述过程中会用一些文字或者段落补充、解释上文，同时对下文做必要的交代。这是两种新的叙述方式，分别叫作"插叙"和"补叙"。下面我们就来具体地学习一下吧。

考点解析

插叙和补叙

1. 什么是插叙？

插叙就是在叙述中心事件的过程中，插入一些与中心事件有关的回忆或故事等其他内容，然后再接着叙述中心事件。

插入的内容是补充或者衬托中心事件的，目的是使文章的中心更加鲜明。这种叙述方式有两个好处：一是便于人们理解文章的内容；二是使文章有张有弛，活泼轻松。这种介绍和交代一般不会太长，次数也不会太多，在全篇中仅仅是一个片段，而不是全文的中心。

2. 什么是补叙？

有时根据内容的需要，对前面所写的人或事进行一些简短的补充交代，这种写法叫补叙。

补叙的段落或文字，主要是用来补充原来叙述的不足，丰富原来叙述的内容。

◆ 考题实战

◆ 例文

　　他小的时候，是非常自卑的，因为他背上的那两道非常明显的疤痕。这两道疤痕，就像是两道暗红色的裂痕，从他的脖子一直延伸到腰部，上面布满了扭曲鲜红的肌肉。所以，他非常非常讨厌自己，非常害怕换衣服。尤其是上体育课的时候，他总是一个人偷偷地躲到角落里，背部紧紧地贴住墙壁，用最快的速度换上运动装，生怕别人发现他的背部有这么可怕的缺陷。

　　原来他在刚出生的时候，就生了重病，经过几次手术，他的命保住了，可是他的背部也留下了两条清楚的疤痕……

　　可是，时间久了，其他小朋友还是发现了他背上的疤，然后都离他远远的，再也不想理他了。他哭着跑出教室，从此再也不敢在教室里换衣服，再也不愿上体育课了。

　　他的妈妈去找老师，仔细地向老师讲述了他的故事。老师惊异地看着这两道疤，有点儿心疼地轻轻摸着他的头，说："我知道，我一定会想办法的。"

　　转眼又到了上体育课的时候，他怯生生地躲在角落里，脱下了他的上衣。

　　不出所料，所有的小朋友又发出了惊异和厌恶的声音。

　　就在这时，教室门突然被打开，老师出现了。

　　几个同学马上跑到老师面前说："老师你看……他的背好可怕，好像两只超级大虫。"

　　老师没有说话，只是慢慢地走向他，然后露出诧异的表情。"这不是虫喔，"老师眯着眼睛，很专注地看着他的背部，说道，"老师曾经听过一个故事，大家想不想听？"

小朋友们最爱听故事了，连忙围了过来，说："要听！老师我们要听！"

老师指着他背上那两条显眼的疤痕，说道："这是一个传说，每个小朋友，都是天上的天使变成的，有的天使变成小孩的时候很快就把他们美丽的翅膀脱下来了，有的小天使却动作比较慢，来不及脱下他们的翅膀。这时候，那些脱下翅膀慢的小孩子，就会在背上留下这样的两道痕迹。"

"哇！"小朋友们发出惊叹的声音，"那这是天使的翅膀喽？"

"对啊。"老师露出神秘的微笑。所有的小朋友听到老师这样说，马上开始互相检查对方的背。可是，没有人像他一样。

突然，一个小女孩轻轻地说："老师，我们可不可以摸摸小天使的翅膀？"

"这要问小天使肯不肯啦。"老师微笑地向他眨眨眼睛。

他鼓起勇气，羞怯地说："……好。"

一堂体育课，一个奇特的景象，教室里几十个小朋友排成长长的一排，等着摸他的背。

他背对着大家，听着每个人充满赞叹和羡慕的啧啧声，还有抚摸时那种奇异的麻痒感觉，他的心里不再难过了。他脸上的泪痕虽然还没干，却已经露出了久违的笑容……

直到今天，他仍深深感激老师那一句"这是天使的翅膀"。就是这句话让他重拾信心，取得了全国游泳比赛的冠军。

应试技巧

（请你按照下面的方法，用 10 分钟掌握文章的"要点"。）

1. 泛读：先跳过生词障碍，快速读懂文章，明确主题。（3 分钟）

提示：

在泛读文章时，要注意文章"插叙"的部分，把它标记出来，比如"原来他在刚出生的时候……"

2. 精读：列出六要素（时间、地点、人物、起因、经过、结果）。（4 分钟）

时间：＿＿＿＿＿＿＿＿＿

地点：＿＿＿＿＿＿＿＿＿

人物：＿＿＿＿＿＿＿＿＿

起因：＿＿＿＿＿＿＿＿＿

经过：＿＿＿＿＿＿＿＿＿

结果：＿＿＿＿＿＿＿＿＿

参考答案：

时间：小的时候、刚出生的时候、上体育课的时候、过几天、今天

地点：学校教室

人物：他、妈妈、老师、同学

起因：他讨厌自己身上的疤痕，害怕上体育课

经过：疤痕被发现，妈妈去请求老师帮助，老师告诉同学们天使翅膀的故事

结果：他感激老师，重拾信心，取得了游泳比赛冠军

3. 梳理出文章的脉络，删除与主题无关的句子，边写边背。（3 分钟）

＿＿＿＿＿＿＿＿＿＿→

＿＿＿＿＿＿＿＿＿＿→

＿＿＿＿＿＿＿＿＿＿→

＿＿＿＿＿＿＿＿＿＿→

＿＿＿＿＿＿＿＿＿＿→

＿＿＿＿＿＿＿＿＿＿

参考答案：

他讨厌自己的疤痕→疤痕被小朋友们发现→妈妈请求老师帮助→第二天老师讲了天使翅膀的故事→小朋友们都羡慕他→他重拾信心获得成功

请沿虚线折一下

◆ **参考例文**

天使的翅膀 40

　　他小的时候非常自卑，因为他的背上有两道手术后留下的非常难看的疤痕。所以，他非 80 常讨厌自己，非常害怕换衣服。尤其是上体育课的时候，他总是一个人偷偷地躲到角落里换 120 衣服，害怕别人发现他背部有这么可怕的缺陷。

　　可是，时间久了，其他小朋友还是发现了 160 疤痕，然后都嘲笑他。他的妈妈去找老师。老师很心疼他，答应妈妈想一个办法。 200

　　几天后，上体育课的时候，小朋友们看到他的疤痕，再次发出了惊异和厌恶的声音。这 240 时，老师来了。老师给全班同学讲了一个故事：有一个传说，每个小朋友，都是天上的天使变 280 成的，有的天使变成小孩的时候很快就把他们美丽的翅膀脱下来了，有的小天使却来不及脱 320 下他们的翅膀，结果就会在背上留下这样的两道疤痕。 360

　　小朋友们听完故事都发出惊叹的声音，也互相检查看看自己有没有这样的疤痕。没有疤 400 痕的小朋友们突然都开始羡慕起他来，他们排成长长的一队，想摸摸这传说中的"天使的翅 440

膀"。

　　他听着别人的赞叹，心里也不再难过了，露出了开心的笑容……

　　直到今天，他仍深深感激老师那一句"这是天使的翅膀"。就是这句话让他重拾信心，取得了全国游泳比赛的冠军。

480

520

560

◆ **生词**（掌握上面的技巧是关键，千万不要先学生词啊！）

自卑　zìbēi（形）	self-abased 열등감을 가지다 劣等感（をもつ）
明显　míngxiǎn（形）	clear; distinct 뚜렷하다 はっきり、明らか
疤　bā（名）	scar 흉터 傷あと
延伸　yánshēn（动）	extend 뻗다 延びる、延ばす
肌肉　jīròu（名）	muscle 근육 筋肉

角落　jiǎoluò（名）

corner

모퉁이

隅、隅の方

可怕　kěpà（形）

fearful

무섭다

恐ろしい

缺陷　quēxiàn（名）

defect; drawback

결함

欠陥、不備

手术　shǒushù（名）

operation

수술

手術

心疼　xīnténg（动）

feel sorry

몹시 아끼다

かわいがる、慈しむ

厌恶　yànwù（动）

detest; be disgusted with

혐오하다

嫌悪する

超级　chāojí（形）

super

슈퍼

特級の、スーパー

诧异　chàyì（形）

be surprised/startled/astonished

의아해하다

不思議に思う、いぶかる、怪しむ

眯　mī（动）

keep one's eyes half closed

실눈을 뜨다

目を細める

传说　chuánshuō（名）

legend

전설

伝説

翅膀　chìbǎng（名）

wing

날개

羽、翼

痕迹　hénjì（名）

mark; trace

흔적

痕跡、跡

赞叹　zàntàn（动）

praise

찬탄하다

嘆する、称賛する

痒　yǎng（形）

itchy

간지럽다

かゆい、くすぐったい

感激　gǎnjī（动）

be/feel thankful

감격하다

感激する

冠军　guànjūn（名）

champion

챔피언

優勝、優勝者、チャンピオン

复习与练习

1.快速阅读下面的文章，列出时间、地点、人物和起因、经过、结果。

　　有一位登山者一直想要登上某世界高峰。经过多年的准备后，他独自开始攀登。夜幕降临，月亮和星星被云层遮住了，登山者什么都看不见。就在离山顶只剩几米的地方，他滑倒了，快速地往下坠。危急时刻，系在腰间的绳子拉住了他，他整个人被吊在半空中。

　　在这种上不着天、下不着地、求助无门的境况中，登山者一点儿办法也没有，只好大声呼叫："上帝啊！救救我！"

　　出人意料的是，天上有个低沉的声音响起："你要我做什么？"

　　"上帝，救救我！"

　　"你真的相信我可以救你吗？"

　　"我当然相信！"

　　"把系在腰间的绳子割断！"

　　在短暂的考虑之后，登山者决定继续全力抓住那根救命的绳子。

　　第二天，搜救队发现了一具冻僵的登山者的遗体。他挂在一根绳子上，手紧紧地抓住那根绳子，而在他的下方，地面离他仅仅3米……

时间：＿＿＿＿＿＿＿＿＿＿＿＿＿＿＿

地点：＿＿＿＿＿＿＿＿＿＿＿＿＿＿＿

人物：＿＿＿＿＿＿＿＿＿＿＿＿＿＿＿

起因：＿＿＿＿＿＿＿＿＿＿＿＿＿＿＿

经过：＿＿＿＿＿＿＿＿＿＿＿＿＿＿＿

结果：＿＿＿＿＿＿＿＿＿＿＿＿＿＿＿

参考答案：

时间：夜幕降临、第二天
地点：离山顶只剩几米的地方、半空中
人物：登山者、上帝、搜救队
起因：登山者滑倒
经过：登山者向上帝求救，上帝给他建议，登山者没有相信上帝的话
结果：登山者被冻死

请沿虚线折一下

2. 列出下面文章的叙述顺序。

　　有一个农夫，他每天都到田里辛苦地工作，来维持全家的生活。

　　有一天，那个农夫又像往常一样到田里工作，突然，一只跑得非常急的兔子，从草丛中蹿出来，竟然不小心一头撞死在田边的大树旁。"哇！怎么有这种事？我真是幸运。要是天天有这样的大兔子送上门来的话，不是比耕田的收获更多吗？而且田里的工作忙也忙不完，哪有在树下捡兔子来得轻松啊！"农夫心中想着，就捡起兔子回家去了。

　　从此以后，那个农夫不再耕田了，每天就坐在田边的大树下，等候兔子来撞树。日子一天一天地过去了，他都没有等到一只兔子，可是他仍然不死心，还是每天坐在树下。"哼！我就不相信！今天等不到，明天总会等到吧！"

　　过了好几个月，不仅没有捡到兔子，连兔子的影子都没见着呢！农夫的那几块地，也因为太久没有耕种，都长满了杂草。

参考答案：

　　农夫在田里工作→农夫见到兔子撞死→农夫不再耕田→每天等兔子→农夫再也没见到兔子

＿＿＿＿＿＿＿＿＿→
＿＿＿＿＿＿＿＿＿→
＿＿＿＿＿＿＿＿＿→
＿＿＿＿＿＿＿＿＿→
＿＿＿＿＿＿＿＿＿

请沿虚线折一下

3.缩写（把下面这篇 800 字的文章缩写成 400 字左右的短文）。

◆ 例文：

　　"80 后"女孩卢芊羽家住江苏省昆山市玉山镇，上班在上海市闸北区，两地相距 50 多公里。搭乘高铁或动车最快的一班仅需 19 分钟、票价 24 元，加上昆山搭乘公交 15 分钟、票价 2 元，上海搭乘地铁 20 分钟、票价 3 元，约 1 个小时后，卢芊羽便能从昆山家中赶到上海的公司上班。而 1 个小时的上班路程，对于多数在上海的上班族来说早已司空见惯。

　　2005 年大学毕业后，卢芊羽从河南家乡追随姐姐来到昆山并居住在一起。所不同的是，她没有像姐姐一样在昆山工作，而是把第一份工作地选在了自幼向往的上海。也正是从那时起，她往返昆山与上海之间的双城生活正式拉开序幕。

　　卢芊羽和同事一起在办公室工作。在上海拼搏的几年间，卢芊羽先后从事过电话邮购、化妆品营销等工作。今年年初，她与两位合作伙伴在创业孵化基地创立了一家属于自己的化妆品营销公司，利用微信等手机终端平台进行营销。

　　在公司，得闲的时候，卢芊羽喜欢陪同事领养的两只宠物狗玩耍。

　　中午饭卢芊羽在公司的食堂解决。

　　下班后，卢芊羽走进上海火车站准备搭乘高铁回昆山。卢芊羽刷二代身份证检票进入铁路上海站。

　　上海火车站，候车的间隙，卢芊羽与其他年轻人一样，习惯低头看手机。

　　刚下高铁的卢芊羽给姐姐打电话。卢芊羽说："上海是我事业起航的地方，而昆山则又是亲情的寄托，两者都很难割舍。"一张高铁票，维系着她的事业和亲情。

　　卢芊羽在出租屋的窗台前望着窗外的灯火。如今，随着中国区域铁路的发展，尤其是 2013 年开通的上海地铁 11 号线 2 期直通昆山花桥之后，往返于昆山和上海之间的交通也越来越便利。越来越多的人像"80 后"女孩卢芊羽一样工作在上海，居住在昆山，将铁路动车、地铁轻轨作为上下班的交通工具，往返于上海和昆山城际之间，过着名副其实的双城生活。

参考答案：

　　"80后"女孩卢芊羽家住江苏省昆山市玉山镇，上班在上海市闸北区。她每天上班需要搭乘高铁或动车等交通工具，并花费一个小时的时间。大学毕业后，她把第一份工作选在了上海，也正是从那时起，她往返昆山与上海之间的双城生活正式拉开序幕。在上海拼搏的几年间，卢芊羽先后从事过电话邮购、化妆品营销等工作。今年年初，她与两位合作伙伴在创业孵化基地创立了一家属于自己的化妆品营销公司，利用微信等手机终端平台进行营销。卢芊羽说："上海是我事业起航的地方，而昆山则又是亲情的寄托，两者都很难割舍。"一张高铁票，维系着她的事业和亲情。如今，随着中国区域铁路的发展，往返于昆山和上海之间的交通便得越来越便利。越来越多的人像"80后"女孩卢芊羽一样工作在上海，居住在昆山，将铁路动车、地铁轻轨作为上下班的交通工具，往返于上海和昆山城际之间，过着名副其实的双城生活。

请沿虚线折一下

星　期　四

如何命题

我们在报纸上、网上阅读文章或者新闻时，都是先浏览题目，然后再按照自己感兴趣的程度，选择阅读的先后顺序。由此可见，文章的题目是很重要的，可以说题目是文章的眼睛和窗户。HSK 六级的写作考试，也要求我们自拟题目，那么怎样给文章拟一个合适的题目呢？拟题目又要注意哪些方面呢？今天，我们就来学习这些内容。

考点解析

命题知识

1. 题目的要求

什么样的题目才算好题目呢？
（1）准确，要与文章内容相符。
（2）精炼，用最少的字数表达最丰富的内容。

明确标准后，怎样给缩写的作文命题呢？

总的原则是：紧扣材料，题文相称。也就是说，题目必须与文章的内容、主题相吻合，而且又紧扣材料。

2. 命题步骤

步骤一：读材料，弄清材料所写的内容，尤其要明确材料中的人物、时间、地点、事件等要素。

步骤二：在理清材料的基础上，找出关键词，提炼主题。

步骤三：确定文章要写的主要内容，给文章命题。

◆ 考题实战

◆ 例文

今年兔子运气十分不好：和他一起生活了一年的伴侣离开了他，和别的兔子在一起了；他经常去就餐的菜园被主人竖起了栅栏；一只狐狸咬掉了他的一只耳朵，要不是跑得快，他很可能就成为狐狸的美餐了。兔子陷入了绝望之中，留给他的只有一件事了，那就是自杀。可是，兔子又有了一个问题：该怎样自杀呢？

兔子开始思考了，他想到人类有那么多自杀方式，为什么兔子就没有？实际上，他从来就没有听说过兔子或别的动物自杀。看来，好像只有人类才知道怎么自杀。他意识到在动物王国里根本没有自杀的先例可以给他参考，他想给他的同胞们创造出一个自杀的范例。

于是，每天兔子都在思考着怎样可以自杀。一天，他想到了一个很简单的方法，那就是憋气。他想如果没有空气那不就会死了吗？可是，他试了许多次，每一次到最后他都会忍不住张开嘴巴大口喘气。最后，兔子得出了一个结论：憋气是不能自杀的。当兔子将这个结论告诉给其他兔子后，这个结论很快就传开了。不久，兔子被众兔子尊称为科学家。

接着，兔子又想到了一个方法，他想既然很多果子有毒，那一下子吃很多不就可以毒死自己了吗？于是，兔子去森林里采了一大堆果子，然后用石头砸碎混合在一起，一口气吃了很多，不知不觉便睡着了。等他醒来后，他发现自己没死，反而感觉身体更好了。由此，他认为那些果子有强身健体的功效。兔子把这个想法告诉了他的同胞们。很快，兔子的结论得到了证实，那些果子混合起来不但能强身健体，还能治愈多种疾病。兔子又成了同胞们眼中的发明家。

后来，兔子还想到了一种比较新颖的方法。他想如果自己闭上眼睛一直往前走，一定会遇到很多危险，那样他就可以自杀成功了。于是，兔子闭上了眼睛离开家开始往前走，他走啊走，不知道走了多久。好几次他想睁开双眼但都忍住了，终于他实在无法忍受饥渴了，就睁开了双眼，令他惊讶的是，眼前是一片绿油油的草地。他欣喜地跳了起来，在这里居住再合适不过了。兔子记住了路线，他回到原来的居住地，赶紧把路线告诉了其他的兔子，同胞们到达那片草地后也都高兴不已，不停地称赞兔子为伟大的探索家。

兔子受到了众多兔子的羡慕与尊敬，他们坚决要给兔子颁奖，感谢他做出的贡献。在颁奖典礼上，一只美丽的兔子尼亚默默地在下面注视着他。典礼结束后，尼亚来到兔子面前，当她了解了兔子的遭遇后深感同情，并且表达了自己对兔子的爱慕。最后她问兔子："你还想自杀吗？"兔子摇了摇头说："我没有理由自杀了，我现在有了新的伴侣，还有，我没想到根本没有兔子介意我只有一只耳朵，现在我也不用担心没有食物了。以后我要努力成为真正的科学家、发明家、探索家。"

应试技巧

提示：

把一些不能改写的、固定的词语画下来，重点记忆。比如"科学家""发明家""探索家"等。

（请你按照下面的方法，用 10 分钟掌握文章的"要点"。）

1. 泛读：先跳过生词障碍，快速读懂文章，明确主题。（3 分钟）

参考答案：

时间：今年、一天、接着、后来

地点：居住地、森林、草地、颁奖典礼上

人物：兔子、兔子原来的伴侣、狐狸、其他兔子、尼亚

起因：兔子要自杀

经过：兔子的三次自杀过程

结果：兔子不想自杀了

2. 精读：列出六要素（时间、地点、人物、起因、经过、结果）。（4 分钟）

时间：_____

地点：_____

人物：_____

起因：_____

经过：_____

结果：_____

参考答案：

兔子受到挫折后要自杀→兔子憋气自杀→兔子吃果子自杀→兔子闭眼出走自杀→兔子收获奖励和爱情后不再想自杀

3. 梳理出文章的脉络，删除与主题无关的句子，边写边背。（3 分钟）

_____→

_____→

_____→

_____→

_____

◆ **参考例文**

兔子的故事

今年兔子特别倒霉，他的伴侣离开了他，就餐的菜园进不去了，一只耳朵也被狐狸咬掉了。兔子很绝望，想到了自杀。可是怎样自杀呢？兔子思考后发现动物们根本没有自杀先例，于是他决定为同胞们创造一个范例。

一天，他想到了憋气自杀，可是每一次到最后他都会忍不住张开嘴巴。兔子得出了憋气不能自杀的结论，并告诉给了其他兔子，被同胞们尊称为科学家。接着，兔子想既然很多果子有毒，就决定采用把在森林采的很多果子混合在一起吃的自杀方法，结果发现不但没死，反而感觉更好了。兔子把果子能强身健体的结论告诉了同胞们，又被同胞们尊称为发明家。后来，兔子想：闭上眼睛一直往前走，会遇到很多危险，一定可以自杀成功。于是，兔子离开家往前走，最后终于因为无法忍受饥渴而睁开眼，结果发现眼前是一片草地。兔子记住了路线，告诉了其他兔子，同胞们认为兔子是伟大的探索家。

同胞们给兔子颁奖，在颁奖典礼上，兔子

40
80
120
160
200
240
280
320
360
400
440

尼亚爱上了他。典礼结束后，尼亚向兔子告白，480
问兔子还想不想自杀。兔子说他已经没有理由
自杀了，他要努力成为真正的科学家、发明家、520
探索家。

◆ **生词**（掌握上面的技巧是关键，千万不要先学生词啊！）

运气　yùnqì（名）

fortune
운
運、運命

伴侣　bànlǚ（名）

companion
짝, 동반자
伴侶、連れ

陷入　xiànrù（动）

sink/fall into
빠지다
落ちる、陥る

绝望　juéwàng（动）

despair
절망
絶望する

参考　cānkǎo（动）

consult; refer to
참고하다
参考

同胞　tóngbāo（名）

compatriot
동포
同胞、肉親の兄弟

结论　jiélùn（名）

conclusion

결론

結論

混合　hùnhé（动）

mix

혼합하다

混合する、混ぜ合わす

功效　gōngxiào（名）

efficacy; effectiveness

효과

効果、効き目

证实　zhèngshí（动）

confirm

실증되다

実証する

疾病　jíbìng（名）

disease

질병

疾病

新颖　xīnyǐng（形）

new and original

새로운

斬新である、新奇である、奇抜である、ユニークである

忍受　rěnshòu（动）

bear; endure

참다

我慢する、堪え忍ぶ

惊讶　jīngyà（形）

surprised

놀랍다

あきれる、驚く

到达　dàodá（动）

arrive

도달하다

到達する、到着する、着く

伟大 wěidà（形）	great 위대하다 偉大	

探索 tànsuǒ（动）	explore 탐색하다 探索する、探求する	

坚决 jiānjué（形）	firm 단호하게 断固として（いる）、頑として	

贡献 gòngxiàn（名）	contribution 공헌 贡献	

典礼 diǎnlǐ（名）	ceremony （시상）식 式典、儀式、典礼	

注视 zhùshì（动）	gaze/stare at 주시하다 注視する、注目する	

遭遇 zāoyù（名）	(bitter) experience 처지 遭遇、境遇	

理由 lǐyóu（名）	reason 이유 理由、わけ、口実	

复习与练习

1. 快速阅读下面的文章，列出时间、地点、人物和起因、经过、结果。

夏天，有一只狐狸来到一个葡萄架下，看见葡萄藤上结了很多串葡萄，于是就使劲儿往上跳，想咬下一串来。但是葡萄架很高，狐狸第一次试跳没有咬到葡萄。狐狸想，这串葡萄不好，瞧它长的那个样子，外面看着挺好，里面肯定是去年结的。

狐狸瞄准另外一串葡萄跳了上去，可惜这次又没扑着。狐狸想，这串葡萄也不好，肯定使用过化肥，绝对不是绿色食品。幸亏没吃着，否则吃了我还得去医院看病。

第三次试跳依然没有成功，这时不知从哪儿传来了稀稀拉拉的掌声，原来是树上落着几只前来看热闹的乌鸦。狐狸只好向它们鞠躬还礼，表示感谢。

狐狸有点儿累了，蹲下来休息。它心想，这时候要是有个教练递给我一瓶矿泉水，再给我讲讲动作要领，布置一下战术，那该有多好啊！让我最后再跳一次，我就不信跳不过这个破葡萄架。狐狸转动着狡猾的眼睛，四下寻找，终于找到了一根长竹竿。狐狸抓住竹竿，后退了几步，举手向周围的乌鸦示意，请它们给予掌声鼓励。

狐狸提竿快步向葡萄藤奔去，竹竿头准确地插入了地面，竹竿将狐狸高高荡起，然后是漂亮的抛竿动作，自由下坠，狐狸成功地跃过了高高的葡萄架，安全地落到了松软的草地上。

这时候，一只年轻的母乌鸦从树上飞了下来，向狐狸献上了一束野花。狐狸手捧着野花，心情非常激动，多少年的期盼，多少代狐狸的努力，终于迎来了这胜利的时光！

但是狐狸很快就冷静下来了，心想，葡萄在哪呢？我这不是白跳了吗？

参考答案：

时间：夏天、这时候

地点：葡萄园

人物：狐狸、乌鸦们、母乌鸦

起因：狐狸想吃葡萄

经过：狐狸想各种办法得到
　　　葡萄

结果：狐狸没有得到葡萄

时间：＿＿＿＿＿＿＿＿＿＿

地点：＿＿＿＿＿＿＿＿＿＿

人物：＿＿＿＿＿＿＿＿＿＿

起因：＿＿＿＿＿＿＿＿＿＿

经过：＿＿＿＿＿＿＿＿＿＿

结果：＿＿＿＿＿＿＿＿＿＿

2. 列出下面文章的叙述顺序。

　　齐国的将军田忌很喜欢赛马，他常常同齐威王赛马。他们赛马的规矩是：比赛共设三局，两胜以上为赢家。然而每次比赛，田忌都是输家。

　　有一次，田忌请自己的好朋友孙膑去观看他与齐威王赛马。第一局，齐威王和田忌都牵出自己的上等好马，结果田忌的马稍逊一筹。第二局，他们都用了中等的马比赛。结果，田忌的中等马也输了。第三局，两边都以下等马参赛，田忌的下等马又未能跑赢齐威王的马。看完比赛，孙膑对田忌说："我看你们双方的马，若按上、中、下三等来比赛，你的马都相应地差一点儿，但差别并不太大。下次赛马你按我的意见办，我保证你必胜无疑。"

　　这一天，田忌与齐威王又要赛马。孙膑胸有成竹地说："你就按照我的安排比赛吧。"比赛开始了，第一局，齐威王依旧使用了上等好马，孙膑却让田忌出下等的马，一局比完，自然是田忌的马落在后面，田忌输了。可是到了第二局，形势就变了，齐威王用的是中等的马，田忌却用了上等好马，结果田忌赢了第二局。最后，齐威王剩下了下等马，当然被田忌的中等马甩在了后面。这下，齐威王目瞪口呆了，比赛的结果是三局两胜，田忌赢了齐威王。还是同样的马匹，由于调换了比赛的出场顺序，田忌就得到了转败为胜的结果。

_____ →

_____ →

_____ →

_____ →

_____ →

_____

3.缩写（把下面这篇 1000 字的文章缩写成 400 字左右的短文，并为文章拟一个题目）。

古时候有一个非常喜爱骏马的国王，为了得到一匹宝马，贴出告示，愿意用一千金的代价买一匹千里马。

这个世界上，可以拉车载人载物的动物很多很多，如马、驴、牛等，而千里马却非常稀少。被国王派去买马的人走遍了世界各地，像大海里捞针一样，三年的时间过去了，连个千里马的影子也没有见到。

一个大臣看到国王因为得不到千里马而闷闷不乐，便勇敢地向国王推荐自己："您把买千里马的任务交给我吧！我向您保证，您只要耐心等待一段时间，我一定会让您如愿以偿得到千里马。"国王见他仿佛知道了什么秘诀似的，态度诚恳、语气坚定，便答应了他的请求。

然后，这个大臣东奔西走，用了三个月时间，总算打听到千里马的消息。可是当宦官见到那匹马时，那匹马却病死了。

虽然这是一件令人非常遗憾的事，但是大臣并没有灰心。这匹千里马虽然死了，但它却能证明千里马是真实存在的。既然世上的确有千里马，那就用不着担心找不到第二匹、第三匹，甚至更多的千里马。想到这里，大臣更增添了找千里马的信心。他用500个金币向马的主人买下了那匹死马的头，兴冲冲地带着马头回去见国王。

大臣见了国王，开口就说："我已经为您找到了千里马！"国王听了非常高兴。他迫不及待地问道："千里马在哪里？快牵来给我看！"大臣从容地打开包裹，把马头献到国王面前。虽然看上去是一匹非常漂亮的骏马的头，然而毕竟是死马！那马没有光泽的面容和散发出的腥臭味，使国王禁不住一阵恶心。国王的脸色阴沉下来，他愤怒地说道："我要的是能载我在草原上奔驰、一天行走千里的活马，而你却花500个金币的大价钱买一个死马的头。你怎么敢把死马的头献给我呢？"

大臣不慌不忙地说："请您不要生气，听我慢慢向您解释。世上的千里马数量非常稀少，不是在市场上轻易能够见得到的。我花了三个月时间，好不容易才遇见一匹这样的马。我用500个金币买下死马的头，是为了要抓住这一次难得的机会。我要用这马头，向全世界证明千里马是真实存在的，只要我们有决心去找，就一定能找得到。用500个金币买一匹死马的头，等于向天下发出了一个信息，告诉人们国王买千里马的诚意和决心。如果这一消息传扬开去，无论千里马隐藏在深山密林中，还是在海角天边，只要养马人相信国王是真心想买千里马，也必定会主动把自己拥有的千里马献给您的。"

果然不出大臣所料，此后不到一年的时间，接连有好几个人领着千里马来见国王。

参考答案：

国王与千里马

古时候有一个国王，特别想得到一匹千里马。然而千里马非常稀少，被国王派去买马的人走遍世界各地，连个千里马的影子也没见到。

一个大臣看到国王闷闷不乐，自告奋勇要为国王寻找千里马。国王见他很自信，就答应了他的请求。这个大臣用了三个月的时间四处寻找，总算打听到了一匹千里马的消息。可是当大臣见到那匹马时，那匹马已经病死了。于是，大臣用500个金币向马的主人买下了那匹死马的头，带着马头回去见国王。

大臣见到了国王，告诉他自己已经找到了千里马。国王听了非常高兴，让大臣给他看看千里马。大臣就把马头献给国王。国王很生气，责怪大臣欺骗自己，他觉得大臣花那么大的价钱却只买了一个死马的头，非常愚蠢。

大臣向国王解释说，千里马非常稀少，难得一见。他用500个金币买下死马的头，是为了向天下发出信息，告诉人们国王买马的诚意和决心。这样，有千里马的人知道国王是真心买马，就一定会主动把马献给国王了。

在不到一年的时间里，果然有好几个人领着千里马来见国王。

星 期 五

精炼主题

　　文章的主题，是文章的灵魂。它是作者对文章内容的艺术加工和提炼。那么，对 HSK 六级写作所给的文章来说，最重要的就是能在短短的十分钟内真正理解作者所要表达的中心思想，掌握文章的主要内容。那么如何找出主题、把握主题、精炼主题呢？要知道，只通过某个词或某句话找到的，不一定是主题，或者说不一定是主题的全部内容。而找主题往往需要通读全文后才能作出判断，这就需要经过反复练习并掌握一些精炼主题的小技巧。

考点解析

精炼主题

如何准确掌握主题：

　　第一步：快速通读全文，了解全文大概的意思。

　　第二步：注意文章的叙述方式，文章的开头、结尾及每一段的段首句和段尾句。

　　第三步：逐层归纳段意，总结文章主题。

考题实战

◆ 例文

　　每天晚上八点左右，都会有一位衣服破旧但神情坦然的老头，准时到这个大院里来捡破烂，然后默默离去，从来都很准时，也从来不会停留很久。

　　我第一次见到老头时，他正在与门卫争吵。他想要进去捡破烂，可门卫说什么也不让，说这是市委大院，而且又是晚上，不能让陌生人随便进出。老头激动地说："我靠自己的双手捡点破烂养家糊口，你凭啥不让？难道你觉得我是小偷吗？"老头长得很瘦，说这话的时候脖子上扯起了一根根青筋。他的一头白发在灯光下显得格外引人注目。

　　我当时认为这个老头有些无理取闹，所以也没说什么就直接进大院回家了。然而几天后，我发现自己错了。

　　后来也不知门卫怎么就让老头进来了。之后老头每天都来大院里，在垃圾箱里翻找破烂。但老头和别的捡破烂的人不一样，他每次都是在天黑以后才来，白天从不进来，而且他捡垃圾就是捡垃圾，垃圾之外的东西绝对不拿。对我们这些自家东西经常被捡破烂的人顺便拿走的大院住户们来说，这实在是个惊奇的发现。

　　后来，我们知道了他的个人情况：老头是一个国营工厂的退休工人，他的老伴很多年来身体一直不好，这两位老人原来生活在儿子家里。后来老头不愿意拖累子女，就跟老伴租了间破房，两个人开始独立生活。结果没几年老头原来的单位破产了，他们没有了经济来源。为了给妻子治病，老头不得不开始捡垃圾维持生活。

　　了解了老头的这段经历后，大家都非常同情他。从此看他的眼光中，就多了几分同情与理解。一次，邻居大伯担心他晚上捡不到什么，就将家里一袋子新鲜的水果递给他。老头看了一愣，小声说了一句："我是捡破烂的，不是乞丐。"拍拍身上的尘土，就提着自己的大垃圾袋转身走了。接下来好几天里，他都没有再来。

　　大伯默然。几天后，老头终于又出现在大院的垃圾箱旁。等他走了以后，大伯回屋取出工具，在垃圾箱旁的大树上一上一下钉了两颗钉子，然后把一些装好的食品挂在上面的钉子上，又将一些旧书、旧报扎在一起挂在下面的钉子上。第二天，捡破烂的老头来了，他取走了挂在树上的旧书报和那两个食品袋。他把它们当成是别人丢弃不要的垃圾了。

　　后来，大院里的许多住户都知道了这个秘密，于是树上的钉子上便常常多出许多装得满满的食品袋来。门卫也很有默契，晚上只让老头进来，把其他捡破烂的人拒之门外。每天晚上，老头进来后总要先在垃圾箱里翻找一通，再去取那些食品袋。据经常晚归的小王讲，有一次他遇到老头，老头在取那些食品袋时竟然泪流满面。

　　人的尊严是无价的，面对他人脆弱易碎的尊严，有时无声的呵护更胜过千言万语。比如，大伯钉在树上的那两颗钉子。

应试技巧

（请你按照下面的方法，用10分钟掌握文章的"要点"。）

1. 泛读：先跳过生词障碍，快速读懂文章，明确主题。（3分钟）

2. 精读：列出六要素（时间、地点、人物、起因、经过、结果）。（4分钟）

时间：＿＿＿＿＿＿＿＿＿＿＿＿

地点：＿＿＿＿＿＿＿＿＿＿＿＿

人物：＿＿＿＿＿＿＿＿＿＿＿＿

起因：＿＿＿＿＿＿＿＿＿＿＿＿

经过：＿＿＿＿＿＿＿＿＿＿＿＿

结果：＿＿＿＿＿＿＿＿＿＿＿＿

3. 梳理出文章的脉络，删除与主题无关的句子，边写边背。（3分钟）

＿＿＿＿＿＿＿＿＿＿→

＿＿＿＿＿＿＿＿＿＿→

＿＿＿＿＿＿＿＿＿＿→

＿＿＿＿＿＿＿＿＿＿→

＿＿＿＿＿＿＿＿＿＿→

＿＿＿＿＿＿＿＿＿＿

提示：

文章的结尾常常是主题的升华，要理解着记忆，尽量保留文章原话、原意。

参考答案：

时间：每天晚上八点左右、几天后、后来

地点：大院、垃圾箱旁的大树上

人物：老头、门卫、我、大伯、其他住户、小王

起因：老头与门卫争吵

经过：老头来大院捡垃圾

结果：老头泪流满面

参考答案：

老头与门卫争吵→老头捡垃圾，大伯给他水果被拒绝→老头再来时，大伯改把东西挂在钉子上，老头取走了→大院的住户都把东西挂在钉子上，门卫不让别人进→老头明白了大家的心意后泪流满面→尊严无价

◆ **参考例文**

两颗钉子

40

每天晚上八点，老头都会来大院里捡破烂。

第一次看到老头时，他正在和门卫争吵。80 他想进去，可门卫不让。老头觉得自己被门卫怀疑成小偷，非常愤怒。120

门卫最后还是让老头进来了。老头每天都来捡垃圾，但绝对不拿垃圾以外的东西。160 大家后来知道，老头是倒闭的国营工厂的退休工人，和老伴相依为命，老伴的身体不好，为了给老200 伴治病，他才开始捡垃圾。听说这件事以后，大家都非常同情、理解他。一次，邻居大伯担240 心他晚上捡不到什么，把一袋子水果给他。老头看了一眼后拒绝了，好几天都没有再来。280

几天后，老头又出现在大院里。大伯在老头走后，在垃圾旁的大树上钉了两颗钉子，然320 后把一些食品、旧书、旧报挂在上面。第二天老头取走了挂在树上的东西，他以为这些也是360 垃圾。后来，许多住户也都把东西挂在上面。除了老头以外门卫也不让其他捡破烂的进。小400 王说，有一次老头在取那些食品袋时竟然泪流满面。440

尊严无价，无声的呵护比千言万语更让人 480
感动，就像大伯钉在树上的那两颗钉子。

◆ **生词**（掌握上面的技巧是关键，千万不要先学生词啊！）

神情　shénqíng（名）	expression 표정 表情、顔つき
显得　xiǎnde（动）	seem …하게 보이다 いかにも…に見える
格外　géwài（副）	especiaclly 유난히 特に、とりわけ、格別
无理取闹　wúlǐ-qǔnào（成）	(idiom) be very unreasonable 일부러 말썽을 부리다 理由なく悶着を起こす、わざと挑発的なことをする
绝对　juéduì（副）	absolutely 절대로 絶対、必ず、きっと
惊奇　jīngqí（形）	surprised 놀라운 不思议に思う、怪しく思う、意外に思う
独立　dúlì（动）	become independent 혼자의 힘으로 하다 独立

单位　dānwèi（名）	unit; workplace 회사 勤務先、勤め先
维持　wéichí（动）	maintain 유지하다 維持する
乞丐　qǐgài（名）	beggar 거지 乞食、物もらい
尊严　zūnyán（名）	dignity 존엄 尊厳、尊さ
面对　miànduì（动）	face; confront 직면하다 直面する、面する
脆弱　cuìruò（形）	fragile 연약하다 脆弱

复习与练习

1.快速阅读下面的文章，列出时间、地点、人物和起因、经过、结果。

　　一个寒冷的冬夜，一名赶末班车回家的军官被一位妇女拦住。军官有些生气，妇女连忙解释说："我在街头看到一个小男孩，他独自一人在寒风中，脸冻得有些发白。我问他为什么还不回家，他告诉我他在和小伙伴们玩儿战斗游戏。他是被派到街角站岗的，他的指挥官说过，没有接到命令，绝对不能撤离。"

　　妇女明白，这个时候，这个男孩的小伙伴肯定已经忘记了这件事，他们很可能早已各自回家，躺在热乎乎的被窝里睡熟了。于是，她劝小男孩快点儿回家，免得冻坏了，但执拗的小男孩坚持要接到命令才肯撤离。出于无奈，妇女想请军官帮忙。

　　军官没说什么，脸上充满了柔和而又肃穆的神情。他迈着军人的步伐走到小男孩面前，敬了一个标准的军礼，报上自己的军衔后，说道："你已经出色地完成了任务。现在，我命令你立刻撤岗回家。"小男孩信服地看了军官一眼，回敬了一个军礼，欢快地向家里跑去。

　　寒冷寂静的夜空见证了，漫天熠熠闪耀的星斗见证了，在那个寒冷的夜晚，三个陌生人为一个诺言，曾有一刻庄严的相逢。

时间：＿＿＿＿＿＿＿＿＿＿＿＿＿＿

地点：＿＿＿＿＿＿＿＿＿＿＿＿＿＿

人物：＿＿＿＿＿＿＿＿＿＿＿＿＿＿

起因：＿＿＿＿＿＿＿＿＿＿＿＿＿＿

经过：＿＿＿＿＿＿＿＿＿＿＿＿＿＿

结果：＿＿＿＿＿＿＿＿＿＿＿＿＿＿

参考答案：

时间：一个寒冷的冬夜
地点：在街头
人物：一位军官、一位妇女、
　　　一个小男孩
起因：妇女拦住军官，告诉他
　　　一个男孩在街角站岗，
　　　说没接到命令不能离开
经过：军官告诉男孩已经完成
　　　任务可以回家了
结果：男孩接到军官的命令快
　　　乐地回家了

2. 列出下面文章的叙述顺序。

　　扁鹊是春秋时期的一位名医。相传有一天，扁鹊去见蔡桓公。他在蔡桓公身旁站了一会儿，细心观察他，然后说道："我发现您的皮肤有点小病，应及时治疗，否则病情会加重。"蔡桓公不以为然："我一点儿病也没有，用不着治疗。"扁鹊走后，蔡桓公毫不在乎地说："医生总喜欢给没病的人治病，然后把别人健康的身体说成是他医好的。我才不信这一套。"

　　十天后，扁鹊又去拜见去见蔡桓公。他观察了蔡桓公的脸色之后说："您的病已经到肌肉里面去了。再不医治，会更严重的。"蔡桓公还是不信他说的话。扁鹊走后，蔡桓公深感不快。

　　又过了十天，扁鹊第三次去拜见蔡桓公，说道："您的病已经发展到肠胃中了。如果不赶紧医治，病情将会进一步恶化。"蔡桓公仍不信他，并且对他十分反感。

　　又隔了十天，扁鹊第四次去拜见蔡桓公。一看到蔡桓公，扁鹊转身就走。这倒把蔡桓公弄糊涂了，心想：怎么这次扁鹊不说我有病呢？蔡桓公特地派人去问扁鹊原因。扁鹊说："一开始蔡桓公的皮肤患病，用汤药清洗是很容易治愈的；接着他的病到了肌肉里面，用针刺就可以治疗；后来他的病又发展到了肠胃，服草药汤剂还有疗效。可是现在他已病入骨髓，再高明的医术也无力回天，能否保住性命只能听天由命了。我如果再说自己精通医道，手到病除，必将招来杀身之祸，所以我不再说话了。"

　　过了五天，蔡桓公浑身疼痛难忍。他意识到自己情况不妙，立刻派人去找扁鹊，可扁鹊已逃到秦国去了。蔡桓公追悔莫及，在痛苦中挣扎着死去了。

————————————————　→

————————————————　→

————————————————　→

————————————————　→

————————————————　→

————————————————

————————————————

请沿虚线折一下　↱

参考答案：

　　扁鹊见到蔡桓公，观察出他的皮肤有小病→蔡桓公不相信扁鹊，认为自己很健康→十天后扁鹊再见蔡桓公，告诉他病已经到肌肉了，需要治疗，蔡桓公不信→又过了十天，扁鹊第三次见到蔡桓公，告诉他病已经到了肠胃，蔡桓公不信，而且很反感他→又隔了十天，扁鹊一见到蔡桓公就跑，他说蔡桓公的病已经无法治疗了→五天后，蔡桓公发现自己病得很严重，可是扁鹊已经逃走了，蔡桓公病死了

3.缩写（把下面这篇1000字的文章缩写成400字左右的短文）。

　　德国是个工业化程度很高的国家，说到奔驰、宝马、西门子、博世……没有人不知道。世界上用于核反应堆中最好的核心泵是在德国一个小镇上产生的。在这样一个发达国家，人们的生活一定纸醉金迷、灯红酒绿。

　　在去德国考察前，我们在描绘着、揣测着这个国家。到达港口城市汉堡的时候，我们先去了餐馆，当地的同事要为我们接风洗尘。

　　走进餐馆，我们穿过桌多人少的中餐馆大厅，心里觉得很奇怪：这样冷清的场面，饭店能开下去吗？更可笑的是一对正在吃饭的情侣的桌子上，只摆着一个碟子和两罐啤酒，碟子里面只有两种菜，这样简单，是不是会影响他们的甜蜜约会？如果是男人付钱，不是太小气了吗？他不怕女友跑掉？

　　另外一桌是几位白人老太太在悠闲地用餐，每道菜上桌后，服务生很快给她们分掉，然后被她们吃光。

　　我们不再过多注意别人，而是盼着自己的大餐快点上来。在德国的同事看到大家饥饿的样子，就多点了些菜，大家也不谦让。

　　餐馆客人不多，上菜很快，我们的桌子很快被盘子、碟子堆满了，看来，今天我们是这里的贵客了。

　　一顿狼吞虎咽之后，我们想到还有别的活动，就不再吃桌上的东西，这一顿饭很快就结束了。结果还有三分之一的东西没有吃掉，剩在了桌上。我们结完账，一个个摇摇晃晃地走出了餐馆的大门。

　　出门没几步，就听见餐馆里有人在叫我们。是谁的东西落下了吗？我们都好奇，回头去看。原来是那几个白人老太太，在和饭店老板大声地说着什么，好像是针对我们的。

　　看到我们都回来了，老太太改说英文，我们就都能听懂了，她在说我们剩的菜太多，太浪费了。我们觉得好笑，这老太太真是多管闲事！同事阿桂当时立刻站出来和老太太说："我们自己花钱吃饭，剩多少，和你老太太有什么关系？"听到阿桂这样一说，老太太更生气了，其中一个老太太立马掏出手机，拨打着什么电话。

　　一会儿，一个穿制服的人开车来了，是社会保障机构的工作人员。他问完我们的情况后，这位工作人员居然拿出罚单，开出 50 欧元的罚款。这下我们都不说话了，阿桂的脸也不知道扭到哪里去好了。我们在德国的同事只好拿出 50 欧元，并一再说："对不起！"其实，我们这些在德国的同事也是刚到不久，对这里的习俗并不十分了解。

　　这位工作人员收下欧元，郑重地对我们说："需要吃多少，就点多少！钱是你自己的，但资源是全社会的，世界上有很多人还缺少资源，你们不能够也没有理由浪费！"

我们都脸红了，但我们在心里却都认同这句话。在一个富有的国家，人们还有这种意识，我们得好好反思：我们是个资源不是很丰富的国家，而且人口众多，平时请客吃饭，剩下的总是很多，主人怕客人吃不好丢面子，担心被客人看成小气鬼，就点很多的菜，反正都剩下了，你不会怪我不大方吧。

事实上，我们真的需要改变我们的一些习惯了，并且还要树立"大社会"的意识，再也不能"穷大方"了。那天，在德国的同事把罚单复印后，给我们每人一张作纪念，我们都愿意接受并决心保存着。阿桂说，回去后，他会再复印一些送给别人，自己的一张就贴在家里的墙壁上，时刻用来提醒自己。

参考答案：

一张罚单

在去德国考察前，我们都猜测德国是个纸醉金迷、灯红酒绿的国家。

到达德国以后，我们去餐馆吃饭，却发现饭店冷冷清清，仅有的几桌人吃的东西也都很简单。

我们点了很多菜，酒足饭饱之后，还有三分之一没有吃掉。结完账，我们刚要走出餐馆大门，就听见有人叫我们。原来是旁边桌的几个老太太。老太太用英文指责我们剩的菜太多，太浪费。同事辩解说，自己花钱吃饭，剩多少跟老太太无关。老太太们就更生气了，其中一个用手机打了一个电话。不一会儿，社会保障人员就来了，听完情况后居然开出50欧元的罚单。在德国的同事只好拿出50欧元，向他们道歉。其实，在德国的同事也是刚到不久，并不十分了解这里的风俗。

工作人员收下钱，郑重地对我们说应该需要多少点多少。虽然钱是自己的，但资源是全社会的，我们没有权利浪费。

我们的脸红了，觉得自己真应该改变原来的习惯了。那天，在德国的同事把罚单复印了几份，分给每个人。我们都接受了并决心保存好这张罚单。阿桂说，回去后，他会再复印一些送给别人，自己的一张会贴在家里的墙壁上，时刻提醒自己。

请沿虚线折一下

周末复习与训练

这一周我们在掌握写作基本方法的基础上，进行了强化训练。学习了叙述方式，如何掌握主题，以及怎样拟一个准确的题目。我们在前面说过，题目是文章的眼睛。如果我们能在保证题目与文章内容相符的同时，让题目更有特色，更有美感，更加醒目，这就如同一个人拥有了一双会说话的眼睛，令人心动。如果阅卷者看到这样一个漂亮的题目，也一定会因此而更加关注你的文章，甚至喜欢上你的文章，并给你的文章更高的分数。那么，我们就来学一下，怎样的题目才能产生这样的艺术效果。

知识点补充

（一）好题目的标准

1. 新颖：文章的题目要醒目，与众不同，不落俗套，引人注目，给人以思考的余地。这些题目，让人一看到就忍不住想知道文章的内容，能引起阅卷者的阅读兴趣。

2. 简洁：指文章的题目用语要精炼。能用三个字说清楚的，绝不用五个字；能用八个字说清楚的，绝不用十个字。因此，在确定题目时，我们就要对题目语言进行艺术提炼，使题目简短。

（二）命题的角度

1. 以人物为题

有些文章，是写一个名人经历或者故事的，我们就可以用他们的名字作题目，这样更一目了然，例如《比尔·盖茨》。也可以以人物的身份来拟题，以人物的身份作为题目，能直接刻画人物，比如《我的父亲》。还可以以人物的特点来拟题，以人物的特点作题目，能表现人物的个性特点，如《倒霉的人》《诚实的孩子》等。

2. 以时间为题

以记叙的时间来拟题，能引起阅卷者的好奇心，如《飞机遇险的时候》《初冬的早晨》等。

3. 以地点为题

以记叙的地点来拟题，如《北京的胡同》《黄山》等。

4. 以事件为题

以记叙的事件来拟题，展示文章的主要内容，如《兔子的故事》《女儿的秘密》等。

5. 以立意为题

以文章的立意拟题，点出文章的实质，突出主题，揭示中心，如《两颗钉子》《一张罚单》等。

6. 以修辞手法为题

以修辞手法来拟题，具有感染力，引人深思。如以比喻拟题：《手术台就是阵地》《爸爸是船，妈妈是帆》；以夸张拟题：《鸟的天堂》；以对偶拟题：《红红的枣，红红的心》；以设问拟题：《我变成牛了吗》《怎样制作香肠》；以反问拟题：《他真的傻吗》等。

7. 以句子为题

用文中最能概括主要内容的句子作为题目，使文章题目更加新颖，如《幸福是坚持》。

练习

缩写（把下面这篇1000字的文章缩写成400字左右的短文，并为文章拟一个题目）。

　　玛丽失业有几个月了，现在依靠政府的救济金维持生活。她住在美国宾夕法尼亚州的一个小镇，这里风景秀丽，有保护得很好的人文景观。

　　从华盛顿来的公交车，经过玛丽家的门前，而且在离玛丽家不远的地方，就有一个公交车站。

　　坐过几次公交车以后，玛丽发现，车厢内有时很拥挤。尤其是老人多的时候，他们动作迟缓，有限的座位往往被年轻人先抢到坐了。玛丽意识到，原来并不是所有的年轻人都有很好的素质。

　　一天，她突然冒出一个想法：既然有那么多时间，为什么不为老人提供一点帮助呢？小小的善良，就可以换来老人的乘车方便。

　　于是，她的做法是，在公交车停靠时，上车占一个座位，等到车厢里有站立的老人时，她便起身让座。

　　一位叫巴尼的老人，是玛丽的常客。从华盛顿到这个小镇开车大概需要两个多小时，巴尼在华盛顿和这个小镇各有一处房子，每天都会坐上这趟往来于小镇和华盛顿之间的公交车。这是位乐观开朗的老人，每到一个地方，都会带去一片笑声。

　　玛丽喜欢巴尼，她几乎每次都把所占的座位留给巴尼，她把巴尼幻想成自己去世的父亲。交流的时间一长，她渐渐感觉巴尼有些奇怪，这老人应该是个富豪，可为什么喜欢坐公交车呢？

　　巴尼的笑声如波浪一样舒展："噢，一个人坐在车里，我会感到孤独，我喜欢在形形色色的人中间。"巴尼是个有钱人，这点很快就得到了证实。不久，他买下了数十条公交线路的运营权，其中也包括从华盛顿到宾夕法尼亚州小镇的这一条。

一年快要过去了，玛丽继续着她的"善举"。可是，接下来的一段时间，巴尼不再出现在车上了，没有了巴尼的车厢，显得冷清，玛丽也感到了失落。

第二年的春天，玛丽收到一大包邮件。正如玛丽冥冥中所想的那样，邮件是巴尼寄来的，邮件包里有厚厚的法律文书、遗嘱和一封信。巴尼在信中说，每一颗善心都应得到奖赏，何况玛丽是想方设法在做着善事。巴尼还说，在半年多的时间里他都没有分一部分遗产给玛丽的想法，他想把所有的钱都捐给慈善机构，只是后来才突然有这种念头，内心很矛盾。而玛丽毫无企图的付出，一次一次感动了他，直至最终让他坚定了自己的想法。巴尼的最后一句话是：孩子，请记住，只有挖到最后一锹，才能见到金子。

玛丽流着泪自言自语，亲爱的巴尼，我虽然需要一笔钱，但是你教给我的道理比一笔钱更重要：幸运不是"偶然"和"意外"，而是一点一点靠近，一步一步抵达。

玛丽了解了巴尼的心愿，就把巴尼赠予的遗产，捐给了慈善机构，一共168万美元。几天后，玛丽接到巴尼律师的来信，原来巴尼临终前告诉律师，当慈善机构接到一笔168万美元捐款的时候，玛丽就继承了巴尼的物流和运输公司以及数十条公交线路——一笔大得令玛丽无法想象的财富。

幸福是最后一锹土

40

玛丽失业了，依靠政府的救济金生活。她 80
家门前不远的地方，有一个公交车站。

玛丽坐车时发现，车内有时很拥挤，而一 120
些老人常常坐不到座位。她想为老人提供一点
帮助。于是，她就在车来时，上车占一个座位, 160
等到车里有站立的老人时，她就起身让座。在
这样让座的过程中，她认识了一位叫巴尼的老 200
人。她很喜欢巴尼，她几乎每次都把座位留给
巴尼，并把巴尼幻想成自己去世的父亲。巴尼 240
告诉她，自己是个富翁，坐公交车是因为自己
喜欢坐在人群中间。 280

就这样，一年过去了，玛丽一直坚持着。
可是，后来巴尼不再出现在车上了，玛丽感到 320
很失落。

第二年，玛丽收到巴尼寄来的邮件，这时 360
巴尼已经不在人世了。巴尼在信中说她的行为
让他感动，所以决定把本来要捐给慈善机构的 400
一大笔遗产留给她。巴尼的最后一句话是：孩
子，请记住，只有挖到最后一锹，才能见到金 440
子。

玛丽虽然很需要这笔钱，但是看了巴尼的 480
信以后还是决定把这笔钱全部捐给慈善机构，
一共168万美元。几天后，玛丽接到巴尼律师的 520
信，原来巴尼临终前告诉律师，当慈善机构接
到一笔168万美元捐款的时候，玛丽就继承了巴 560
尼的公司和几十条公交线路。

范文欣赏

我们学习过的叙述的几种方式，其实都不是死板的方法，可以根据每个人的汉语水平、写作水平以及表达的需要，灵活运用。在前面的考题实战中，我们已经接触过顺叙、倒叙、插叙、补叙这四种常用的方法。那么今天我们就来欣赏一下，多种叙述方式的巧妙运用带给文章的美感。

新建的大礼堂里，坐满了人；我们毕业生 40
坐在前八排，我又是坐在最前一排的中间位子
上。我的襟上有一朵粉红色的夹竹桃，是临来 80
时妈妈从院子里摘下来给我别上的，她说："夹
竹桃是你爸爸种的，戴着它，就像爸爸看见你 120
上台一样！"

爸爸病倒了，他住在医院里不能来。 160

我告诉爸爸，行毕业典礼的时候，我会代表全体同学领毕业证书，并且致谢词。我问爸爸，能不能起来，参加我的毕业典礼，爸爸哑着嗓子，拉起我的手笑笑说："我怎么能够去？"但是我说："爸爸，你不去，我很害怕。你在台底下，我上台说话就不发慌了。""不要怕，没有爸爸，你更要自己管自己，你已经大了，是不是？""是。"我虽然这么答应了，但是觉得爸爸讲的话使我很不舒服。

　　爸爸是多么喜欢花啊！

　　他每天下班回来，我们在门口等他，他回家来的第一件事就是浇花。那时太阳快要下山了，院子里吹着凉爽的风，爸爸摘一朵茉莉插到妹妹的头发上……

　　我为什么总想到这些呢？韩主任已经上台了。他很正经地说："各位同学都毕业了，就要离开上了六年的小学到中学去读书了，做了中学生就不是小孩子了，当你们回到小学来看老师的时候，我看你们都长高了，长大了，一定会很高兴。"

　　于是我唱了五年《骊歌》，现在轮到同学们唱歌给我们送别："长亭外，古道边，芳草碧连天。问君此去几时来，来时莫徘徊！天之涯，地之角，知交半零落，人生难得是欢聚，惟有别离多……"

我哭了，我们毕业生都哭了。我们是多么喜欢长高了变成大人，但又是多么怕呢！当我们回到小学来的时候，无论长得多么高，多么大，老师们永远拿我们当孩子！

做大人，常常有人要我做大人。爸爸也不拿我当孩子了，他说："英子，去把这些钱寄给在日本读书的陈叔叔。""爸爸！""不要怕，英子，你要学做许多事，将来好帮着你妈妈。你最大。"

于是他数了钱，告诉我怎样去寄这笔钱。我虽然很害怕，但是也得硬着头皮去——这是爸爸说的，无论什么困难的事，只要硬着头皮去做，就闯过去了。

快回家去！快回家去！我拿着刚发下来的小学毕业文凭——红丝带子系着的白纸筒，催着自己。我好像怕赶不上什么事情似的，为什么呀？

进了家门，静悄悄的。四个妹妹和两个弟弟都坐在院子里的小板凳上，他们在玩沙土，旁边的夹竹桃不知什么时候垂下了好几枝子，散散落落的很不像样，这是因为爸爸今年没有

收拾它们 —— 修剪、捆扎和施肥。石榴树大盆底下也有几粒没有长成的小石榴，我很生气，问妹妹们："是谁把爸爸的石榴摘下来的？我要告诉爸爸去！"妹妹们惊奇地睁大了眼，她们摇摇头说："是它们自己掉下来的。"

我捡起小青石榴。老高从外面进来了，他说："大小姐，别说什么告诉你爸爸了，你妈妈刚从医院来了电话，叫你赶快去，你爸爸已经……"他为什么不说下去了？我忽然着急起来，大声喊着说："你说什么？老高。""大小姐到了医院，好好儿劝劝你妈，这里就数你大了，就数你大了！"

是的，这里就数我大了，我是小小的大人了。我对老高说："老高，我知道是什么事了，我这就去医院。"我从来没有过这样的镇定，这样的安静。

我把小学毕业文凭放到书桌的抽屉里，再出来，老高已经替我雇好了到医院的车子。走过院子，看那垂落的夹竹桃，我默念着：

爸爸的花儿落了。

我已不再是小孩子。

注：文章节选自中国台湾作家林海音的《爸爸的花儿落了》，有改动。

◆ [点评]

　　这是一篇小说的节选，是一篇表现博大父爱的文章，是一篇塑造了"爸爸"这个人物形象的文章，也是一篇表现"成长的感受"的文章。文章有"爸爸爱花儿"和"我的毕业典礼"两条线索。文章以倒叙手法开头，在文中又利用插叙的方式巧妙地引出"回忆"的内容，在结尾处又利用补叙的方式交代了事情的结局以及作者的心理感受。这是一篇使用了多种叙述方式的典型文章，通过多种叙述方式的巧妙运用，文章显得非常生动感人。

生词表